De l'Imprimerie de PIERRE DUMESNIL.

A NOSSEIGNEURS
DE PARLEMENT,
EN LA CHAMBRE DES ENQUESTES.

SUPLIE humblement JEAN-GUILLAUME LE SAULNIER Ecuyer, Sieur D'EROUVILLE, Seigneur DE MARANDE', Conseiller-Secretaire du Roy, Maison Couronne de France, Contrôleur en la Chancellerie près le Parlement de Roüen, Receveur des Bois de la Maîtrise de Vallognes, Apelant de Sentence renduë en Bailliage à Vallognes le 23. Juin 1733. & autrement Intimé.

CONTRE

Meſſire JEAN-FRANÇOIS D'ANNEVILLE *Chevalier, Seigneur & Patron* DE CHIFFREVAST *& autres lieux, Intimé en Apel, & de ſon chef Apelant.*

CONCLUSIONS DU SIEUR D'EROUVILLE.

A Ce qu'il plaiſe à la Cour faiſant droit ſur l'Apel dudit ſieur d'Erouville, mettre l'Apellation & ce dont eſt apellé au néant, *corrigeant* & *réformant*, déclarer le Sr de Chiffrevaſt *non-recevable* & *mal fondé* dans l'Opoſition qu'il a formée à la vérification de l'Aveu du Sr d'Erouville du 10. Avril 1728. en tant que ce qui concerne ce qui eſt employé dans ledit Aveu, que le domaine du Fief de Marande, jouxte les Héritages fermez du ſieur de Chiffrevaſt, & les repreſentants Richard le Fol ; ordonner que ledit Aveu reſtera en l'état qu'il eſt à cet égard ; & faiſant droit ſur l'Apel du Sr de Chiffrevaſt, mettre l'Apellation au néant, & condamner ledit ſieur de Chiffrevaſt aux dépens des Cauſes principalle & d'Apel.

E T VOUS REMONTRE ; qu'il s'agit dans ce Procez de la propriété d'un petit terrain apellé la Lande ou Planitre de la Croix au Fol ; ce terrain eſt d'une très-petite importance, il ne contient qu'environ neuf ou dix vergées de terre inculte, & on peut dire qu'il ne devoit pas cauſer un Procez, dont l'inſtruction coute cinquante-fois plus que la valeur dudit petit terrain.

On a tort de reprocher au Supliant qu'il le veut uſurper ſur le ſieur de

A

Chiffrevaſt, & qu'il a uſé d'artifice pour y parvenir, il l'a à la verité employé dans l'Aveu qu'il a rendu au Roy du Fief de Marandé le 10. Avril 1728. en donnant à ſon Fief des bornes dans leſquelles ce petit terrain eſt enfermé.

Mais dès l'année 1712. le Sr le Saulnier Pere du Supliant en avoit dònné un au Roy avec les mêmes bornes que ledit Supliant a employé dans le ſien; cet Aveu de 1712. avoit été ſuivi d'une Information autentique, en conſequence de laquelle étoit intervenu Arreſt de derniere main-levée, ſans qu'il y eût eû aucune opoſition, ni de la part du ſieur de Chiffrevaſt, ni d'aucun autre.

Le Supliant pouvoit-il mieux faire que de prendre pour modéle de ſon Aveu celui qui étoit rêvêtu des formalitez les plus ſcrupuleuſes, & qui avoit acquis la plus parfaite autenticité.

Diſons plus, cet Aveu étoit pour lui une loy dont il ne lui étoit pas permis de s'écarter, puiſqu'il eſt des régles que les nouveaux Aveux ſoient conformes aux anciens.

Pouvoit-il penſer que le ſieur de Chiffrevaſt, ſous les yeux duquel ledit premier Aveu avoit été publié, qui n'avoit pas pû ignorer les Informations qui avoient été faites pour la vérification d'icelui, & qui avoit gardé le ſilence, s'aviſeroit de prétendre que cet Aveu renferme un terrain dont il ſe prétend propriétaire ? non ſans doute, un ſilence de 16. années étoit pluſque ſuffiſant pour conſtituer le ſieur d'Erouville en bonne foi ; ainſi on ne peut lui reprocher ni artifice ni deſſein d'uſurper ce petit terrain ſur le ſieur de Chiffrevaſt, & on auroit bien plus lieu de dire que c'eſt lui qui a prétendu l'uſurper ſur le Supliant, en troublant une poſſeſſion établie par un titre auſſi autentique que ledit premier Aveu.

Il eſt vrai que ç'a été lors de la derniere publication de l'Aveu que le Supliant a rendu au Roy ledit jour 10. Avril 1728. que le ſieur de Chiffrevaſt a formé ſon opoſition, prétendant que ledit Aveu contient des bornes qui renferment ce petit terrain, dont il prétend avoir la propriété & la tenure; & que le Supliant a de ſon côté prétendu qu'il ne donnoit à ſon Fief de ce côté que les bornes qu'il avoit veritablement ; parce que ledit petit terrain étoit des dépendances du domaine de ſon Fief ; c'eſt en effet ce qu'il eſpere établir à la Courd'une maniere très-ſenſible.

Mais on ne peut aſſez s'étonner que le ſieur de Chiffrevaſt s'oublie juſqu'au point de dire comme il fait dans ſon Ecrit de Réponſe à Griefs & de Griefs imprimé, *que ce Procez eſt l'effet d'une ingratitude marquée de la part du Sr le Saulnier, oubliant d'où il eſt venu & les ſervices que ſa Famille a reçû de la Maiſon de Chiffrevaſt, il doit être honteux pour lui* de vouloir dépoüiller ſes bien-faiteurs d'un fond qui leur apartient légitimement, &c.

Jamais antouziaſme n'a été employé avec moins de pretexte, pour ne pas dire plus, plus la maiſon de Chiffrevaſt eſt Illuſtre, plus elle doit mettre de Nobleſſe, dans ſa maniere de penſer, & l'exacte verité en doit être le caractere eſſentiel.

Ce n'eſt point le Supliant qui veut dépoüiller le ſieur de Chiffrevaſt d'un bien qui lui apartient légitimement. Le Pere dudit Supliant le poſſedoit puiſqu'il eſt employé dans l'Aveu de 1712. comme dans celui que ledit Supliant a rendu en 1728. ; c'eſt dont le ſieur de Chiffrevaſt qui le reclame, qui en veut depoüiller le Supliant, & il y a de la baſſeſſe à vanter les bien faits prétendus faits à la famille du Supliant pour en former un titre pour autoriſer cette injuſte prétention.

Quelque reflexion que le Supliant porte ſur *le lieu d'où il eſt venu*, il n'y voit rien qui puiſſe le priver du droit général & naturel que chacun a de deffendre ſon bien.

Ledit terrain a été jugé apartenir au Roy par la Sentence dont eſt apel ; le ſieur de Chiffrevaſt ne fait pas difficulté de le conteſter au Roy ; ſi la difference des conditions devoit étouffer les reclamations qu'on croit juſtes, le ſieur de Chiffrevaſt auroit plus de tort de le conteſter au Roy, que le Supliant n'en a d'en voùloir conſerver la poſſeſſion contre la prétention du Sr de Chiffrevaft ; il y a une diftance plus grande, fans comparaifon, du fieur de Chiffrevaft au Roy, qu'il n'y en a du Supliant au fieur de Chiffrevaft ; fi le fieur de Chiffrevaft oze bien le contefter au Roy, pourquoi le Supliant ne fera-t'il pas en droit de le contefter au fieur de Chiffrevaft.

La prétention réciproque de la propriété de ce fond fait le principe de leur reclamation ; c'étoit donc cette propriété qu'il faloit établir, plûtôt que de s'abandonner à un étalage inutile de bien-faits, qui quand ils feroient réels perdent leur prix par le reproche qu'on en fait, & qui d'ailleurs font fort indifferens pour la juftification de cette propriété.

Ce terrain ne contient que 9 à 10. vergées d'un fond inculte en nature de Lande & Bruyere, le Supliant ne peut donc jamais faire un grand préjudice à la Terre de Chiffrevaft en fe confervant dans la poffeffion de ce terrain ; il faloit proportionner les clameurs à l'objet qui y donnoit lieu.

On dit que ce terrain fait l'entrée & la fortie d'une Ferme de la Terre de Chiffrevaft ; mais on diffimule que cette entrée eft une de ces bien-féances dont s'accommodent les Riverains des Forefts du Roy, & que ladite Ferme donnant fur le grand Chemin de Vallognes à Cherbourg, fon ouverture n'eft point une ouverture de neceffité.

Ainfi parce qu'il a plû au fieur de Chiffrevaft de faire ouvrir fa Mafure fur ce terrain, il ne s'enfuit pas que ce terrain lui apartienne ; il y a d'autres fonds qui ont leur ouverture fur ce même terrain, fans que les propriétaires de ces fonds prétendent l'être de ce terrain.

Il eft vrai que le Sr de Chiffrevaft après avoir donné pour moyens de fon opofition à la publication dudit Aveu, la propriété par lui prétenduë dud. terrain, s'aperçût de la foibleffe de ce motif, il voulut l'apuyer de quelques-autres. Il demanda par augmentation que ledit Aveu fut réformé au fujet de quelques-autres bornes, le Supliant qui ne connoît point les incidents n'y réfifta pas, il n'avoit pas interêt de le faire, parce que le changement qu'on demandoit ne confiftoit que dans des mots, fans que l'étenduë du Fief en fut ni augmentée ni diminuée.

Cependant le Juge qui a rendu la Sentence dont eft Apel a pris le prétexte de ce qu'il a ordonné fur ce changement de bornes, pour condamner le Supliant à la totalité des dépens, ce qui renferme une partialité évidente ; 1°. Parce que le fieur de Chiffrevaft n'avoit aucun intereft dans ces bornes, n'ayant aucunes tenures de ces côtez. 2°. Parce que ce changement de bornes n'avoit fait l'objet d'aucune conteftation qui pût mériter attention : 3°. Parce que le point principal de la conteftation, le motif primitif & originaire de l'opofition dudit Sr de Chiffrevaft avoit été la propriété prétenduë par lui dudit terrain ; que c'étoit ce point qui avoit fait l'objet des longues écritures & des amples productions que les Parties avoient fournies ; mais point fur lequel ce Juge décidoit lui-même, que le fieur de Chiffrevaft étoit mal fondé, puifqu'il l'a évincé de la propriété par lui prétenduë dans ce petit terrain, en jugeant qu'il n'apartenoit ni au fieur de Chiffrevaft ni au Supliant.

Il n'y avoit donc nul pretexte à prononcer une condamnation des dépens contre le Supliant, au contraire c'étoit le fieur de Chiffrevaft qui devoit y être condamné, puifque n'ayant point la propriété de ce fond, le premier & principal motif de fon opofition s'évanoüiffoit.

On convient qu'il n'eft point queftion en la Cour de ce qui a été jugé fur lefd. bornes, le Supliant qui en avoit confenti d'abord la réformation, n'avoit garde d'apeller de la Sentence fur un des chefs non conteftez ; voilà ce que le fieur de Chiffrevaft apelle acquiefcement. La Cour jugera fi ces expreffions ne font pas auffi déplacées que celles d'ingratitude envers des bienfaiteurs.

Mais fans s'ttacher davantage à ces dehors inutiles, il faut examiner dans le fond fi le fieur de Chiffrevaft eft proprietaire dudit terrain comme il le prétend, ou fi il apartient au Supliant, comme ledit Supliant le foutient, ou fi il eft refté en la poffeffion de Sa Majefté ; dans le premier cas le Su-

pliant eft totalement en tort, & il doit être condamné aux dépens envers le
fieur de Chiffrevaft; dans le fecond, le tort fe trouvant du côté du fieur de
Chiffrevaft, il doit fubir la même condamnation, & il le doit encore dans le
troifiéme, puifqu'il feroit fans qualité, comme fans intereft, pour avoir formé ladite opofition.

Pour entrer en matiere on va fuivre le fieur de Chiffrevaft dans l'expofi-
tion qu'il a faite du Fait; on le fuivra auffi dans fes raifonnemens, & on fe
flâte de faire voir, que ni l'un ni l'autre ne contiennent rien qui puiffe le
faire déclarer propriétaire du terrain en queftion, & qu'il ne peut-être véritablement contefté audit Supliant.

EXPOSITION DU FAIT.

ON n'examinera point fi la defcription pompeufe que le Sr de Chiffrevaft fait de fa Terre eft conforme à la verité; il eft toûjours trés-cer-
tain qu'un terrain inculte de neuf à dix vergées (que leSr de Chiffrevaft dit
n'être que de fept) n'eft capable de rien augmenter ni diminuer à la beauté
que ladite Terre peut avoir, ainfi elle fera auffi peu deshonorée de ne l'avoir
pas, qu'elle feroit peu décorée de l'avoir.

Mais un fait certain & prouvé au Procez, eft que dans des Lots faits de
la Terre de Chiffrevaft le 10. de Décembre 1650. on trouve un article employé en ces termes.

Un autre tennement d'héritages nommé la Maifon Ponthius, qui fe concifte en une
Maifon manable, Granges & Etables, avec cinq piéces de Terre contenantes, parmi
le tout 35. vergées, la plûpart plantées en pommiers, jouxte le Planitre de la
Croix aux Fols, la route de Vallognes à Cherbourg, les piéces ci-devant dites &
ladite Anne le Fol.

Du moment qu'on donne pour bornes auxdits héritages ledit Planitre de
de la Croix au Fol, c'eft une preuve bien évidente que ledit Planitre n'en
faifoit point partie, puifqu'il eft des régles que ce qui borne n'eft point compris dans ce qui eft borné.

La dénomination qu'on donne à ce petit terrain *de la Croix au Fol*, aprend
qu'il y a dans ce petit terrain une Croix, on ne fçait point en mémoire
de quel événement elle y a été conftruite; mais on laiffe à penfer s'il eft
d'ufage qu'on conftruife ainfi des Croix fur des fonds apartenans à des Seigneurs particuliers, & à cette feule circonftance on ne pourroit s'empêcher
de penfer que ce petit terrain étoit une place vaine & vague, faifant partie de la Foreft de Vallognes qui apartenoit au Roy.

En effet, voilà la fituation de ce petit terrain, il eft borné au Midy par
le Chemin ou route qui tend du Chemin de Vallognes à Cherbourg, à la
Lande de Beaumont; & au Nord, par les Terres du fieur de Chiffrevaft; à
l'Occident, par ledit Chemin de Vallognes à Cherbourg, qui eft pris fur la
Foreft du Roy, & qui la traverfoit en cet endroit; & à l'Orient, par des
nommez le Fol, dont les heritages font encore actuellement relevans du Roy,
& qui ont eux-mêmes donné pour bornes à leurs héritages de ce côté la Foreft du Roy; de maniere que ce terrain eft enclavé de trois côtez dans les
Terres apartenantes à Sa Majefté, ou de fa tenure, & qu'il touche par un
feul endroit les Terres du fieur de Chiffrevaft.

Sa Majefté en l'année 1655. donna un Edit pour l'Aliénation de partie
des Forefts de Normandie, il s'en trouva 1618. arpens dans la Foreft apel-
lée *la Haye de Vallognes*, l'Adjudication qui en fut faite au fieur de Marandé le 13. de Juillet 1657. contient cette quantité, divifée en quatre trieges,
nommez la Thuilerie, Beaumont, la Baffefeüille & le Vieil-Parc, bornez
de toutes parts, de la Cavée de Gloire & des Terres du fieur de Chiffrevaft, de Piquenot de la Thuilerie, ou du fieur Morel, ou autres d'un bout
le haut Gallion, &c. Mais les Commiffaires ajoûterent ces termes, *tout ce*
qui apartient au Roy dans ladite Haye de Vallognes, fans en rien excepter ni
retenir, pour les poffeder avec la qualité de Fief.

On

On examinera dans son Ordre si ces bornes sont exclusives du terrain en question ; on voit par avance qu'il n'y a pas lieu de le penser, puisque le sieur de Chiffrevast bornant effectivement ledit terrain, il seroit vrai que ladite Forest borneroit toûjours led. sieur de Chiffrevast, quand ledit terrain en seroit partie.

Il est vrai que le sieur de Marandé donna en fieffe à differens particuliers une partie des fonds qui lui avoient été ajugez ; mais ces particuliers ne se chargérent que des terres dont ils pouvoient tirer quelque benefice, ils n'avoient garde de prendre un terrain inculte, qui étoit de si mauvaise qualité, que le bois qui croit dans les plus mauvaises terres n'y avoit point crû.

Le sieur Piquenot du Gauguier, prit donc en fieffe dudit sieur de Marandé toutes les Terres qui étoient du contenu de la Haye de Vallognes & de son Adjudication, situées entre le grand Chemin allant de Vallognes à Cherbourg d'un côté, & de l'autre bordant la Lande de Beaumont, à commencer à un bout aux héritages cejourd'hui fieffées au sieur des Mares, *jusqu'au Chemin traversant Dalleaume ladite Lande de Beaumont, tendant audit grand Chemin de Vallognes, passant par la Croix des Fols & aux héritages de Piquenot.*

On convient que le terrain en question n'est point compris dans lad. fieffe, on vient d'en prevenir la raison ; c'est que ce terrain n'étant bon à rien ledit du Gauguier ne jugea pas à propos de s'en charger par fieffe ; mais pour en conclure qu'il apartenoit au Sr de Chiffrevast, il faudroit qu'il demeurât constant qu'il n'apartenoit point au Roy, qu'il n'a point été compris dans lad. Adjudication, faits qui sont précisément la question du Procez, & qu'on ne peut suposer sans prendre pour principe ce qui fait la difficulté.

On fera voir en effet dans son ordre, que ledit terrain apartenoit au Roy, & qu'il est compris dans lad. Adjudication, puisqu'elle contient tout ce qui apartenoit au Roy, *sans en rien réserver ni retenir.*

Le Roy par Arrest de son Conseil de l'année 1664. avoit ordonné une réformation de Forests de la Généralité de Caën. Mr de Chamillart y étoit alors Commissaire Départy pour les Ordres de Sa Majesté. Il fut aussi chargé de faire les Procez-verbaux nécessaires pour parvenir à cette réformation, & à la réünion des Domaines alienez de la Forest de Vallognes, qui est dans cette Généralité ; il se transporta en lad. Forest le 12. de Juillet 1666. il en dressa son Procez-verbal ; & voici de quelle maniere il borna lad. Forest; dans l'endroit contentieux. ,, *Bornées du Manoir & Terres de Chiffrevast, en lad. Paroisse de Tamerville, du Hameau & Fieffes des surnommez le Fol de la Lande de Beaumont & anciennes fieffes du sieur Frolland en la Paroisse Dalleaume.*

On ne peut pas douter que ce petit terrain dont il s'agit ne soit compris dans lesd. Bornes. 1º. Il est borné en un endroit les héritages du Sr de Chiffrevast, & d'un autre par les fieffes desdits le Fol. 2º. Si ce terrain n'étoit pas enfermé dans lesd. bornes, on auroit dit tout simplement, que la Forest étoit bornée en cet endroit par le Chemin qui va de la Lande de Beaumont à la route de Cherbourg, qui borne aussi le petit terrain par un autre endroit.

Mais dans ce même cas la Forêt n'eût point été bornée par les terres & Manoir du sieur de Chiffrevast & les fieffes des le Fol, puisque le Chemin de la Lande de Beaumont en eût été la véritable borne.

Le sieur de Chiffrevast n'a pas jugé à propos de parler de ce Procès-verbal dans le recit du Fait, il n'étoit cependant pas indifférent ; puisqu'il est incontestable que ç'a été le premier ouvrage en conséquence duquel on procéda alors à la réformation ; & que ç'a été aussi sur les Procès-verbaux du même Mr de Chamillart, contenant les raisons des Parties que le Roy rendit son Arrest du mois d'Avril 1668. par lequel Sa Majesté ordonna que 1176. arpens de la Forêt de la Haye de Vallognes non-défrichez ni baillez à fieffe demeureroient réünis au Domaine, nonobstant lad. Adjudication faite au sieur de Marandé, & le Contrat fait en conséquence, & à l'égard des 442. arpens défrichez ou baillez à fieffe par le sieur de Marandé, il fut maintenu en la propriété, possession & joüissance d'iceux.

La conséquence que le sieur de Chiffrevast tire de cet Arrest n'est pas jus-

B

te , on convient que ledit petit terrain n'avoit été ni défriché ni fieffé ; mais il ne s'enfuit pas qu'il ne fît point partie des 442. arpens qui étoient laiſſez au ſieur de Marandé ; car il eſt conſtant que dans ce qui (ſuivant le ſiſtême du ſieur de Chiffrevaſt) compoſe leſdits 442. arpens laiſſez audit ſieur de Marandé , il y avoit des portions de terre non-fieffées ni défrichées , ce qui eſt ſi vrai qu'elles ne le ſont pas encore aujourd'hui.

On n'en a cependant pas dépoſſédé le ſieur de Marandé , parce que le Roy n'a pas jugé à propos de conſerver la poſſeſſion de petits morceaux de terre peu importants à cauſe de leur qualité , qui étoient enfermez dans les terres laiſſées audit ſieur de Marandé , le Roy voulant ſeulement remettre en ſa main ce qui joignoit à ſa Forêt en un ſeul & même morceau.

Mais quand le ſieur de Chiffrevaſt pourroit dire que l'intention du Roy a été de retenir auſſi le petit terrain contentieux , il s'enſuivroit bien que ce petit morceau ſeroit demeuré au Roy ; mais non qu'il apartint au ſieur de Chiffrevaſt.

On convient encore que par ledit Arreſt de 1668. il avoit été enjoint au ſieur de Marandé de planter des bornes de cinquante perches en cinquante perches , & qu'il n'en fut point planté à l'extrémité dud. petit terrain.

Mais c'eſt cette circonſtance qui prouve que le Roy n'avoit pas ôté ledit terrain audit ſieur de Marandé ; car il eſt certain , & on eſpere l'avoir prouvé ci-devant , que ledit terrain étoit compris dans l'Adjudication de 1657. & dans le Procès-verbal de Mr de Chamillart de 1666.

Il eſt vrai que par autre Arreſt du Conſeil du 9. de Mars 1672. il fut diſtrait au profit de Mr de Matignon 86. arpens deſd. 442. de maniere qu'il n'en reſta plus audit ſieur de Marandé que 356. arpens , il eſt vrai auſſi que dans la ſuite il fut trouvé qu'il y en avoit en la poſſeſſion du ſieur de Gaumont qui repreſentoit le ſieur de Marandé 360. arpens ; mais on va voir dans un moment l'éclairciſſement de ces faits.

Le ſieur de Chiffrevaſt avance bien gratuitement que ledit ſieur de Marandé ni ledit ſieur de Gaumont n'ont prétendu la propriété du terrain dont il s'agit. 1°. A l'égard du ſieur de Marandé , on ne voit pas qu'il ait fait aucun Acte qui ait dérogé à cette propriété , & pour le ſieur de Gaumont , il a traité avec la Veuve & Créanciers du ſieur de Marandé en 1677. & il étoit mort dès 1678. ainſi on ne peut ſçavoir ce qu'il auroit fait.

Mais le point déciſif eſt de ſçavoir , ſi ce terrain apartenoit au Roy ou au ſieur de Chiffrevaſt ; ſi il apartenoit au Roy ou il a paſſé , par le moyen de l'Adjudication dans les mains du ſieur de Marandé , ou il eſt reſté en celles de Sa Majeſté , dans l'un & dans l'autre cas la prétention du Sr de Chiffrevaſt eſt injuſte & ſans fondement ; ainſi l'indignité de la reclamation (ſi on peut ſe ſervir de ce terme après le ſieur de Chiffrevaſt) tombera ſur ledit ſieur de Chiffrevaſt.

Si au contraire il apartient au ſieur de Chiffrevaſt l'injuſtice , & ſi on veut l'indignité de la reclamation tombera ſur le ſieur d'Erouville , encore ce terme d'indignité ſeroit-il peu en ſa place à l'égard d'un nouvel Héritier qui auroit ſuivi de bonne-foi la loi qui lui étoit preſcrite par un Aveu apuyé de l'autorité d'une Cour ſouveraine.

Mais on ne croit pas que juſqu'ici ce qu'on a expoſé du Fait renferme en faveur du ſieur de Chiffrevaſt aucune preuve de la propriété dudit terrain, cela ſe manifeſtera encore plus dans la ſuite.

On va paſſer à ce qui a été fait par le Tuteur des Enfans du Sr de Gaumont; on ſuplie la Cour de pardonner la petite digreſſion qu'on vient de faire , qui a interrompu le recit du Fait ; mais le ſieur de Chiffrevaſt y a forcé le Supliant par les réflexions qu'il a fait lui-même en des termes également injurieux & injuſtes.

Le Sr Corderot fut inſtitué Tuteur aux Enfans mineurs du Sr de Gaumont ; perſonne ne pouvoit avoir inſtruit ni le ſieur de Gaumont , ni le Sr Corderot de toute l'étenduë de l'Adjudication qui avoit été faite au ſieur de Marandé , ainſi il n'eſt pas ſurprenant qu'il ſe ſoit trouvé quelqu'erreur dans la façon dont il fit faire l'Arpentage de 1678.

Il est vrai que ce Tuteur qui venoit d'être institué, voulant mettre en régle le bien de ses Mineurs, presenta en ladite année 1678. sa Requeste au Grand-Maître des Eaux & Forests de Normandie, pour être mis en possession des 356. arpens, sa Requeste fut répondüe, & il y eût Ordonnance portant, que par les Officiers de la Maîtrise de Vallognes ledit Corderot seroit mis en possession des 356. arpens, aux termes de l'Arrest de 1668, aprés que l'Arpentage & bornage en auroit été fait.

Le Supliant est convenu de bonne-foy, que le terrain contentieux n'est point compris dans les bornes employez au Procez-verbal desdits Officiers de la Maîtrise de Vallognes.

Mais il n'est pas étonnant, comme on l'a ci-devant observé, que le sieur Corderot qui n'avoit aucune connoissance de l'étendüe des fonds laissez au Sr de Marandé, ait omis d'y faire employer ce petit morceau de terre, un objet si peu important a bien pû échaper, & a peut-être été regardé comme ne méritant pas d'être employé dans ledit Procez-verbal.

Peut-être aussi a-t'on pensé que tout ce qui étoit de l'Adjudication en-deça du Chemin de Cherbourg à Vallognes, avoit été aliené par le Sr de Marandé, en faveur du sieur du Gauguier Piquenot, qu'ainsi on pouvoit mettre pour bornes dans ledit Procez-verbal en cet endroit ce qui avoit été employé dans ledit Contrat de Gauguier Piquenot.

Mais si on n'a point employé dans ce Procez-verbal tout ce qui apartenoit auxdits Mineurs, la faute de leur Tuteur a-t'elle pû les en priver, on ne pouroit pas le soutenir, ils ont pû de tout tems en reprendre la possession, & elle a passé à ceux qui sont devenus à leur droit.

Si d'un autre côté ce petit terrain pouvoit avoir été perdu pour les Enfans du sieur de Gaumont par l'erreur dudit Procez-verbal ce qui pouroit en résulter, comme on l'a déja dit, est que ledit terrain fut demeuré au Roy ; mais non qu'il apartient au sieur de Chiffrevast, à moins qu'il n'en donne de meilleure preuve.

Le Sr de Chiffrevast a remarqué que par l'Arpentage que firent les Officiers de la Maîtrise de Vallognes en ladite année 1678. au lieu de 356. arpens qui devoient demeurer au sieur de Marandé, en execution de l'Arrest du Conseil de 1668. il s'en trouva 375. mais on reprit 19. arpens sur les terres qui joignoient lad. Forest ; ainsi on ne toucha point à ce qui étoit au-delà de la route ou Chemin de Vallognes à Cherbourg, qui resta au sieur de Gaumont, & à ceux qui avoient pris à fieffe du sieur de Marandé, comme on le peut voir par les bornes placées par lesd. Officiers, qui n'excédent point ledit Chemin.

Au moyen de ce retranchement le sieur de Gaumont n'avoit, ou n'étoit présumé avoir que 356. arpens de terre, parce que le terrain contentieux contenant environ quatre arpens n'y avoit point été compris. Il étoit cependant resté en la possession desdits Enfans héritiers dudit sieur de Gaumont.

Aussi est-il vrai que le Roy ayant voulu réünir à son Domaine par un Arrest de son Conseil de l'année 1684. tout ce qu'il avoit aliené de Forest dans la Normandie, le sieur de Gaumont representa ses Titres devant Messieurs de Marillac & Feron, il fut fait de nouveaux arpentements ou des récensements des anciens, & en y ajoûtant ce qui avoit été omis dans ledit arpentage de 1678. on trouva qu'au lieu de 356. arpens le sieur de Gaumont joüissoit de 360.

—— C'étoit quatre arpens d'augmentation, qui sont à peu-près la contenance du petit terrain contentieux, on avoit omis de les employer dans ledit arpentage de 1678. ils furent aparemment employés dans celui-ci, & par ce moyen le sieur de Gaumont se trouvoit en joüissance de 360. arpens.

Le Roy accorda la joüissance & propriété de ces quatre arpens, aussi-bien que des 356. autres audit sieur de Gaumont par son Arrest du mois de Septembre 1686. ainsi le défaut des bornes & de l'arpentage de 1678. fut réparé, tant au bénéfice du Roy que dudit sieur de Gaumont à qui ce petit terrain étoit demeuré par les bornes qui avoient été placées en 1678. puisqu'on avoit laiſſé au ſieur de Gaumont tout ce qui étoit au-delà du Chemin de Cherbourg à Vallognes.

Le Procès-verbal qui fut fait en 1688. par les Officiers de la Maîtriſe de Vallognes, eſt une piéce citée bien inutilement pour la queſtion dont il s'agit, 1°. Il ne fut fait que pour conſtater la meſure & l'aſſiette de la route de Vallognes à Cherbourg, & non la propriété des Riverains dudit Chemin.

Ainſi quand il ſeroit vrai que leſdits Officiers ſe ſeroient trompez en mettant le nom d'un propriétaire au lieu d'un autre, cette énonciation ne ſuffiroit pas pour attribuer à l'un ce qui apartiendroit en effet à un autre.

2°. Il eſt vrai qu'à la fin dudit Procès-verbal qui concerne ſeulement lad. route de Vallognes à Cherbourg, les Arpenteurs ont par l'ordre du Maître particulier fait par une ligne la deſcription dudit Chemin de Cherbourg à Vallognes, à commencer de la Croix des Fols juſqu'à Legrilleux, il s'eſt trouvé de longueur 250. perches, & depuis Legrilleux juſqu'au lieu nommé le Radoucy, il s'eſt trouvé de longueur de 550. perches, ce qui compoſe en tout 800. perches.

La trace qu'ils ont faite ſur le papier pour faire la deſcription de cette route n'eſt que de huit poulces, ce qui fait que chaque poulce de ladite deſcription contient cent perches de diſtance.

Il eſt vrai, on convient que le dit le ſieur de Chiffrevaſt, que leſd. Arpenteurs ont écrit d'un côté de la trace qu'ils ont faite ces mots, *le ſieur de Chiffrevaſt*, & de l'autre côté *Beaumont*; mais c'étoit ſeulement pour marquer que ces deux terrains étoient l'un à droit & l'autre à gauche du Chemin, c'eſt-à-dire qu'il paſſoit entre-deux, ils ont pris ces noms pour déſignations comme étant plus fameux dans le païs, & la ſituation des héritages plus connuë; mais la conſéquence que le terrain dont il s'agit ait été déclaré apartenir au ſieur de Chiffrevaſt n'eſt pas juſte, & quand leſdits Arpenteurs l'auroient expreſſément déclaré, leur déclaration ſeroit-elle de quelque poids pour pouvoir lui en attribuer la propriété? il n'eſt pas poſſible de le penſer; ainſi ce Procès-verbal eſt des plus inutiles dans ce Procès.

Au reſte, on convient que la route qui va du Chemin de Vallognes à Cherbourg, à la Lande dudit Beaumont, paſſant par la Croix au Fol forme une eſpece d'équerre qui renferme par un coin le terrain dont il s'agit; mais encore une fois il ne s'enſuit point qu'il apartienne au ſieur de Chiffrevaſt, ce qui ſert de prétexte à tout ſon raiſonnement, eſt que le fief de Marandé eſt borné de ce côté par ladite route de la Croix au Fol à la Lande de Beaumont; mais c'eſt un point abſolument méconnu, qui n'eſt apuyé que ſur les bornes erronées du Procès-verbal de 1678. contraire à celui de Mr de Chamillaſt de 1666. & réformé par l'Arreſt du Conſeil de 1686. qui a ajoûté à l'arpentage de 1678. les quatre arpens que contient led. Planitre ou Lande de la Croix au Fol, lequel Planitre apartenoit au Roy, & faiſoit partie de la Forêt avant l'aliénation comme on l'a déja dit. Ce Fait ſera plus amplement traitté dans la ſuite.

L'Adjudication faite au Bailliage de Roüen du fief de Marandé le 15. d'Octobre 1700. & les bornes quelle contient ne ſeront pas plus avantageuſes au ſieur de Chiffrevaſt.

La Cour n'ignore pas que ceux qui ſaiſiſſent un fief par Decret n'étant point ſaiſis des Titres, peuvent aiſément être trompez dans les bornes & contenences du fief.

C'eſt pourquoi la Coûtume par l'Article 565. diſpoſe *que la Déclaration ſera communiquée au ſaiſi*, & dans l'Article 567. que *ſi après l'Adjudication du fief il ſe trouve quelque rente Seigneurialle, ou quelque partie du Domaine ou autre choſe dépendant d'icelui omiſe en ladite déclaration & Decret, il eſt permis à l'Adjudicataire de le mettre en ſa main en payant le prix de la choſe omiſe au denier vingt du revenu d'icelle.*

Le Décrétant dudit fief de Marandé a bien prévû qu'il pourroit ſe trouver de l'erreur dans les bornes qu'il avoit employé dans la ſaiſie en conformité deſquelles l'Adjudication a été faite; car il a fait employer dans ladite Adjudication

dication ces termes, *tant que ledit fief se peut contenir en circonstances & dépendances d'icelui, tant en Domaine fieffé que non-fieffé, ci-devant en bois à présent défriché, quelques portions en taillis, vignes sauvages & genets . . . . . comme le tout se comporte en l'état qu'il est, & peut-être sans en rien excepter ni réserver . . . . ainsi que du tout le sieur de Gaumont a joüi ou du joüir lui & ses auteurs conformément à l'Arrest du Conseil du 10. de Septembre 1686. sans aucune fourniture ni répétition de mesure sinon les choses en l'état qu'elles sont, sans que le plus ou le moins du contenu au cahier de Saisie & choses ci-dessus employées, puissent augmenter ou diminuer ci-après le prix de l'Adjudication.*

Après cette observation, il faut passer aux bornes qu'on a donné aud. fief dans ladite Adjudication, on convient qu'elles sont employées ainsi ; *jouxte du Levant la route qui tend de Vallognes à Cherbourg, la Commune & l'eau de Beaumont ; du Midi une voye qui tend à ladite Lande de Beaumont, les Héritiers du sieur des Mare-Froland, le sieur de Lislemont-Piquenot, le sieur de Soigneuse-le-Comté Maître Particulier des Eaux & Forêts, & la Demoiselle de la Vallon ; de l'Occident la voye qui tend de Vallognes à Brix ; & du Septentrion la Forêt du Roy.*

Si on considère ces bornes par raport au Domaine non-fieffé du fief de Marandé, on les trouvera assez justes, & le terrain dont il s'agit si trouvera compris ; car il est certain que ledit Domaine non-fieffé est borné au Levant par la route de Vallognes à Cherbourg ; la voye qui tend à la Lande de Beaumont le bornera du côté du Midi ; parce que cette voye est au Midi du terrain dont il s'agit, aussi-bien que les fieffes de Piquenot & autres.

Mais si on les considere par raport au Domaine fieffé dudit fief il s'y trouvera plusieurs erreurs ; car le Chemin de Vallognes à Cherbourg traverse le fief & ne le borne pas du Côté du Levant ; & si on a dû mettre pour borne vers le Nord *(* comme le dit ledit sieur de Chiffrevast *)* la voye qui tend en la Lande Beaumont au lieu qu'on l'a mis pour borne du côté du Midi, il s'ensuivra que ces bornes sont l'ouvrage d'un homme peu instruit qui a désigné à l'avanture les limites dudit fief, ce qui ne peut être d'aucune décision dans aucun cas ; mais moins dans l'espece presente où on a dit que le fief étoit décreté *en circonstances & dépendances, comme en avoit joüi ou du joüir le sieur de Gaumont, sans que le plus ou le moins de ce qui est employé dans la déclaration put donner lieu à augmenter ou diminuer le prix de l'Adjudication.*

On a vû jusqu'ici que le sieur de Chiffrevast n'a mis en usage que des arguments négatifs, il s'est plus attaché a prouver que ledit terrain n'apartenoit point au Supliant, qu'à établir qu'il lui apartenoit à lui-même ; il est enfin parvenu à l'exposition de ses Titres, il faut encore le suivre dans cette cariere qui n'est pas longue ; car elle ne renferme que quelques Aveux que ses Prédécesseurs & lui ont rendu du fief de Chiffrevast au Roy en différens tems.

Le Sr de Chiffrevast en cite deux dans son Ecrit de Réponse à Griefs & de Griefs de sa part, ils sont dattées l'un de l'année 1682. & l'autre de l'année 1711. on dira en passant que le sieur de Chiffrevast s'est bien gardé de parler de deux anciens Aveux qu'il a produits, dont l'un porte datte du 14. de Septembre 1612. & l'autre du 27. Juin 1657. ils ne portent pas les mêmes bornes que les deux derniers ; de sçavoir d'où cette différence peut provenir, c'est ce qu'on n'a pas dessein d'examiner.

Mais il est aisé de faire voir que ce qui est employé dans les deux derniers ; c'est-à-dire dans ceux des années 1682. & 1711. ne peut prouver le fait que le sieur de Chiffrevast voudroit en tirer (on veut dire) que le petit terrain dont il est question lui apartient, & est compris dans lesdits Aveux.

Voici les piéces & les bornes employez dans lesdits Aveux que le sieur de Chiffrevast a raporté dans son Ecrit ; & dont par conséquent on doit penser qu'il prétend faire résulter sa proposition, que ledit terrain est enfermé dans les bornes portez par ses Aveux.

Item. Les piéces des Champs de la Haye, & pièces joignantes ledit Parc nommées le Clos de Norrée-Herger, des grands & petits Champs de la Haye, le Clos ou Fourneau, la pièce à Genets, la Maison & Tenement qui fut Ponthus, le Tenement des

C

Portes & des Bouillons Prasteaux , le Clos des Portes , tant en Prai que terres sèches contenants 75. *acres ou environ , ou comme elles se contiennent. Jouxte & butte* A L'ORIENT *le domaine du fief de Chiffrevast nommé la Lande de Beaumont , & le Chemin de ladite Lande à la Croix au Fol ;* AU MIDI *le grand Chemin de Vallognes à Cherbourg ;* A L'OCCIDENT *le Parq fermé de murailles ; & AU* SEPTENTRION *ledit Chemin de Vallognes auxdites Chaussées de Chiffrevast.*

Le sieur de Chiffrevast dit que ces deux bornes ; la premiere à l'*Orient la Lande de Beaumont* , & le *Chemin de ladite Lande à la Croix au Fol* ; & la seconde *au Midi , le Grand-Chemin de Vallognes à Cherbourg* , démontrent que la Lande en question (bornée par ces deux Chemins) est enfermée dans le domaine de Chiffrevast.

Mais c'est ce que lesd. bornes ne démontrent point ; 1°. On voit que le domaine de Chiffrevast n'est borné en partie par le Chemin de la Lande de Beaumont à la Croix au Fol que du côté du Levant. Or, Il est certain que le Planitre dont il s'agit n'est point au Levant du domaine de Chiffrevast , donc cette borne n'est d'aucune importance pour la preuve de la propriété dudit terrain.

2°. Ledit Chemin borne les Terres dudit Sr de Chiffrevast par le même côté que la Lande le Beaumont , & on dit qu'elles le sont du côté du Midi par le grand Chemin de Vallognes à Cherbourg ; mais comme il ne s'ensuit pas que ce qui est entre la Lande de Beaumont & ledit Chemin de Vallognes à Cherbourg apartienne au Sr de Chiffrevast, la conséquence qu'il tire des bornes desdits Aveux est encore fautive par cette raison.

3°. Le sieur de Chiffrevast se trompe encore quand il dit , que la route qui va de la Lande de Beaumont à la Croix au Fol fait les limites de son Fief dans toute l'étenduë de ladite route , jusqu'au grand Chemin de Vallognes à Cherbourg ; premierement , cette proposition est contraire auxdits Aveux qui portent seulement, que ladite route ne borne les terres du Sr de Chiffrevast, que du côté du *Levant*. Secondement, cette même route passe le long des terres des Elies , de François Jeane, & du Hameau des Fols , qui sont réellement relevant du Roy.

C'est à l'extremité des héritages des nommez le Fol & dans le même alignement qu'est placé le Planitre dont il s'agit.

Or, de même qu'il seroit ridicule de dire que les héritages des Elies , de Jeane & des Fols apartiennent au sieur de Chiffrevast , parce que le Chemin de la Lande de Beaumont à la Croix au Fol passe le long desd. héritages ; il l'est également de prétendre que ledit terrain qui est immédiatement attenant aux héritages des Fol lui apartiennent.

On peut voir l'explication des bornes employées dans ledit Aveu ; sur le Plan du sieur d'Erouville , on voit que du côté de Beaumont & d'un pré du nommé Poirier , il y a des piéces de terre apartenantes au sieur de Chiffrevast , qui sont bornées par lad. route de la Lande de Beaumont à la Croix au Fol qui se détourne en cet endroit & monte du côté du Septentrion; c'est en cet endroit que ledit Chemin borne effectivement lesdites terres du sieur de Chiffrevast , & il est à leur respect placé au Levant ; ainsi les bornes desdits Aveux sont justes ; mais la conséquence qu'elles renferment le terrain dont il s'agit ne l'est pas.

Voilà cependant tout ce que le sieur de Chiffrevast a pû produire de Titres affirmatifs pour établir sa prétenduë propriété dans ledit terrain ; car ce qu'il a dit des Titres du Supliant, Adjudication, Arrest du Conseil , Procésverbaux ne lui a fourni que des arguments négatifs qui , quand on y auroit pas aussi solidement répondu qu'on espere l'avoir fait , auroient pû uniquement prouver que ledit terrain n'eût point apartenu au Supliant ; mais non que le sieur de Chiffrevast en auroit eû la propriété.

Aprés ce qu'on vient d'observer sur les Aveux du sieur de Chiffrevast , il seroit bien inutile d'examiner si ils suffiroient pour avoir prescrit contre l'Engagiste du Domaine du Roy , on dira cependant en passant que l'Aveu de 1682. n'a point été vérifié, celui de 1711. l'a été ; mais puisque du propre aveu du fieur de Chiffrevaft, le fieur le Saulnier Pere du fieur d'Erouville avoit employé ce petit terrain dans l'Aveu qu'il a rendu en 1712. c'eft de fa part un acte de propriété & de poffeffion qui auroit empêché toute prefcription.

Que le fieur de Chiffrevaft ne fe flate donc pas d'avoir prouvé fes droits prétendus de propriété, de poffeffion & de tenure du petit terrain dont il s'agit, on a détruit fes Titres de propriété en détruifant les mauvaifes conféquences qu'il a voulu tirer des bornes employées dans fes Aveux, & le Supliant a prouvé qu'il en étoit propriétaire à jufte Titre, en difcutant les raifonnemens dont le fieur de Chiffrevaft s'eft fervi pour tâcher de donner atteinte à cette propriété, on retouchera encore ce point ci-après. Il faut paffer à la procédure.

INTRODUCTION DU PROCÈS ET PROCÉDURE.

Le Supliant donna fon Aveu à la Chambre des Comptes le 10. Avril 1728. le fieur de Chiffrevaft convient que cet Aveu eft en tout conforme à celui que le fieur le Saulnier Pere du Supliant avoit prefenté le 16. de Mars 1712.

Cet Aveu du fieur le Saulnier Pere eft revêtu des formalitez les plus fcrupuleufes, il a été communiqué au Receveur du Domaine de la Vicomté de Vallognes, aux Gens du Roy de la Maîtrife des Eaux & Forêts, lû, publié, information faite en conféquence fans aucune opofition ; & enfin Arreft de derniere main-levée a été donné par la Cour des Comptes, Aides & Finances de cette Province le 26. de Janvier 1713.

On convient que les bornes données au fief du fieur d'Erouville dans fond. Aveu font comme dans celui de fon Pere, *d'un côté les Héritages fermez du fieur de Chiffrevaft, à caufe d'un morceau de terre non fermé, les Héritages des repréfentans Richard le Fol, l'ancien Héritage du fieur du Gauguier Piquenot, d'autre côté les Héritages du haut Gaillion jufqu'à la Croix du Bois, d'un bout le grand Chemin de Vallognes à Brix la Chapelle de Nôtre-Dame de Gloire & les Héritages du fieur de Barnavaft, & d'autre bout la Forêt de la Haye de Vallognes.*

On convient encore que le terrain dont il s'agit eft enfermé dans ces bornes ; car c'eft par ce feul endroit que ledit fief de Marandé borne celui du fieur de Chiffrevaft, mais il ne s'enfuit pas que ledit fieur d'Erouville voulut ufurper ce petit terrain fur ledit fieur de Chiffrevaft, puifque d'un côté on a vû par les Aveux dudit fieur de Chiffrevaft que ledit terrain ne lui appartient point, & d'un autre que depuis l'Adjudication de l'année 1700. le Pere du fieur d'Erouville avoit toûjours joüi de ladite petite portion de terrain autant qu'il a été poffible de le faire.

Sur la prefentation de l'Aveu dudit fieur d'Erouville, & une Requête prefentée à la Cour des Comptes, Aides & Finances, il intervint Arreft le 14. Avril 1728. par lequel *le Supliant fut difpenfé de faire informer fur fondit Aveu, & ordonné qu'avant faire droit fur la derniere main-levée demandée, il feroit fait lecture dudit Aveu iffue de la Meffe Paroiffiale du lieu où le Chef-mois dudit fief eft affis, & à un jour d'Affife, ou par trois jours Plaidables ordinaires & confécutifs du Bailliage de Vallognes, pour les Actes defdites lectures raportez à ladite Cour, avec les anciens Aveux & Titres dudit fief être ordonné ce qu'il apartiendroit.*

Cet Aveu fut lû en la Paroiffe de S. Malo de Vallognes, dans laquelle ledit fief eft affis, fans qu'il fe trouvat aucune opofition, il le fut auffi deux fois confécutives à l'Audience de la Jurifdiction, ce fut à la troifiéme qui fe fit le 7. de May 1728. que le Sr de Chiffrevaft forma fon opofition, pour moyens qu'il déduiroit après que ledit Aveu lui auroit été communiqué.

Il eft vrai qu'il fe paffa deux années, fans qu'on procedat fur lad. Opofition ; mais le fieur de Chiffrevaft ne doit pas avoir oublié, que les Parties ayant entré dans des voyes de conciliation, les Arbitres nommez avoient fait un reglement, qui avoit d'abord été accepté ; mais dans la fuite le fieur de Chiffrevaft jugea à propos de changer de fentiment en révoquant fa parolle, & refufant d'executer ce qui avoit été arrêté.

Il fallut donc revenir en Juftice, le fieur de Chiffrevaft fournit fes moyens d'opofition le 19. de Décembre 1730. ils ont d'abord confifté à dire, que le fieur le Saulnier renfermoit dans les bornes de fon Aveu, *la petite Lande ou Planitre de la Croix au Fol*, qui apartenoit au fieur de Chiffrevaft.

Il eft vrai que dans la fuite il augmenta fes moyens d'opofition, il dit, que les bornes données audit fief dans ledit Aveu en d'autres endroits n'étoient pas juftes.

Ce fecond chef n'interreffoit pas le fieur de Chiffrevaft, qui n'a aucune tenure de ces côtez ; mais il a grand tort de taxer ledit Aveu d'infidélité à raifon de ces bornes, par le moyen defquelles le Sr le Saulnier Pere, ni le Supliant ne donnoient aucune étenduë à leur fief au-delà de celle qui lui apartient légitimement ; en effet, on fera voir dans fon ordre, que le changement que la Sentence a aporté à ces bornes ne confifte que dans des mots, fans rien changer à la chofe.

Après de longues Écritures fournies de part & d'autres, qui ne contiennent en fubftance que ce qui eft expofé à la Cour ; par l'une & l'autre des Parties, il intervint la Sentence dont on va raporter la difpofition.

On dira auparavant que le fort de la conteftation roula fur la prétention réciproque des Parties, fur le petit terrain dont il s'agit, & qu'il n'y en a eû que peu ou point au fujet des bornes.

Voici en quels termes la Sentence eft conçûë, elle porte datte du 23. de Juin 1733.

SENTENCE DONT EST APEL.

NOVS de l'Avis du Raporteur & de l'Affiftance uniforme, avons dit, à bonne caufe l'Opofition du fieur de Chiffrevaft, pour le regard des trois jouxtes & bornes employées par le fieur le Saulnier dans fon Aveu ; ce faifant, ordonné que de fon obéiffance, il réformera de fon Aveu la borne y employée de la Chapelle de Gloire, à laquelle il fubftituera celle de la Riviere ou cavée de Gloire.

Avons pareillement ordonné, qu'il réformera la borne employée dans fon Aveu, les Héritages du fieur de Barnavaft, au lieu de laquelle il fubftituera, la Riviere de Gloire en fon ancien lit.

Qu'il réformera pareillement la borne par lui employée, de jufqu'à la Croix du Bois, & y fubftituera à la place, la route de Vallognes à Brix.

Et fans avoir égard à la propriété prétenduë refpectivement par les Parties, de la Lande ou Commune des Fols. Avons, par l'Avis du fieur Raporteur & de l'Affiftance en la plus grande partie, le nôtre contraire. Ordonné que ladite Lande reftera en l'état qu'elle eft prefentement ; ce faifant, que le Sr le Saulnier fera tenu de retrancher de fon Aveu la jouxte par lui employée, que fon domaine jouxte les Héritages fermés du Sr de Chiffrevaft, & les reprefentans Richard le Fol, & qu'il y employera, que fon Fief jouxte & borne de ce côté, le Chemin tendant de Vallognes à Cherbourg ; ainfi que le Chemin partant de la route de Vallognes à Cherbourg, allant à la Lande de Beaumont, paffant par la Croix des Fols, ledit fieur le Saulnier condamné aux dépens.

Il eft vrai que le dernier chef de cette Sentence eft le feul dont la Cour foit faifie ; mais le fieur de Chiffrevaft peut s'apliquer la fage réflexion qu'il fait que perfonne ne doit ufurper le bien d'autrui, le Supliant ne fe fent coupable, & ne l'eft en effet d'aucune ufurpation, ce n'en étoit point une que la maniere dont il avoit employé les bornes de fon fief dans fon Aveu conforme à celui de fon Pere ; car la différence que ladite Sentence y a aporté n'en a aporté aucun à l'étenduë du fief.

En effet, la Chapelle de Gloire eft immédiatement fur le bord de la même Riviere, & la Croix du Bois eft immédiatement fur le bord de la route de Vallognes à Brix, la Cour peut le voir dans le plan même du fieur de Chiffrevaft (fans pourtant convenir qu'il foit fincere fur les autres points) ; ainfi l'étenduë du fief n'en eft point diminuée, & pour ce qui concerne les héritages du fieur de *Barnavaft*, qu'on avoit mis pour borne au lieu de la Riviere de *Gloire* dans fon ancien lit.

Voici

Voici le fait, la Riviere a été détournée de son ancien lit, & a été transférée au-delà des héritages du sieur de Barnavast, de maniere que les héritages du sieur de Barnavast sont en-deçà de ladite Riviere, au lieu qu'avant ce changement ils en étoient au-delà.

Après ce changement, il n'y avoit pas lieu de donner pour borne audit fief la Riviere de Gloire, cette borne auroit enfermé les héritages du sieur de Barnavast, on a donc pensé ne pouvoir mieux faire pour donner audit fief une borne connuë que d'y mettre les héritages du sieur de Barnavast, qui sont en effet les héritages les plus proches dudit fief ; la Cour jugera si il y avoit dans les bornes dudit Aveu quelque chose qui pût mériter le Titre d'*infidélité*, & les autres termes injurieux que le sieur de Chiffrevast prodigue si libéralement au Supliant.

La réformation desdites bornes ne retranchera donc rien de l'étenduë donnée au fief du Supliant par ledit Aveu ; ainsi elle ne le rend coupable d'aucune usurpation.

Le sieur le Saulnier est incapable d'en vouloir faire sur personne, & par conséquent sur le Roy, & si le sieur de Chiffrevast avoit été aussi scrupuleux que lui, la Cour ne seroit point importunée du Jugement de ce Procès.

L'affectation qu'ont eû les Juges de Vallognes d'ordonner au sujet des bornes des changements absolument indifférents, & dans lesquels le sieur de Chiffrevast n'avoit pas le plus leger intérêt, fait assez connoître jusqu'à quel point il est puissant dans la Jurisdiction, & l'envie que les Juges avoient de lui rendre service, cependant il n'a pû obtenir d'eux de le déclarer propriétaire du terrain dont il s'agit, & malgré l'évidence prétenduë du fait (si on en croit le sieur de Chiffrevast) ces Juges disposez à le servir n'ont pû faire autre chose ce terrain des mains du Supliant sans avoir osé prononcer qu'il apartenoit audit sieur de Chiffrevast, ils ont au contraire décidé qu'il apartenoit au Roy ; ainsi le sieur de Chiffrevast est dans le même cas qu'il reproche au Supliant, & ce sera l'Arrest que la Cour rendra qui aprendra quel est celui qui vouloit usurper le bien d'autrui.

Les deux Parties ont interjetté Apel de ladite Sentence au chef seulement dudit terrain désigné sous le nom de *Planitre de la Croix au Fol*. Le fondement de leur Apel réciproque est la propriété que chacun prétend avoir dudit terrain, chacun se flate de détruire la propriété de son adversaire & de prouver la sienne. Si le sieur de Chiffrevast réüssit, le Supliant sera tenu de changer la borne de son Aveu aux termes de ladite Sentence ; si au contraire on juge que le Supliant est le vrai propriétaire dudit fond au droit du Roy, ledit Aveu restera en l'état qu'il est à cet égard.

EXAMEN DES MOYENS D'APEL
DU SIEUR DE CHIFFREVAST.

Le sieur de Chiffrevast s'apuie sur trois moyens. Le premier est tiré de la situation du petit terrain.

Le second, de sa prétenduë possession.

Et le troisiéme, des termes de ses Aveux.

A l'égard de la situation, il dit, & le fait est vrai, que ledit terrain est borné des deux côtez par deux Chemins, l'un est la grande route de Vallognes à Cherbourg, & l'autre le Chemin qui tend de ladite grande route à la Lande de Beaumont passant par la Croix au Fol, laquelle est à l'extrémité dudit terrain du côté dudit Chemin tendant à la Lande de Beaumont vers les héritages des nommez *le Fol*.

Il ajoûte que de deux autres côtez ledit terrain est borné par ses héritages & par le Hameau des Fols, ceci est encore véritable.

Mais il ne l'est pas que ledit Hameau des Fols soit de la mouvance dudit sieur de Chiffrevast, on convient que si ledit sieur de Chiffrevast avoit la mouvance des héritages desdits *le Fol* qui sont contiguës audit terrain, son argument auroit un très-grand poids, il faut le raporter dans toute sa force ;

D

car cet argument fe rétorquera contre lui d'une maniere convaincante.

Ce petit terrain, dit-il, eſt ce qui eſt reſté à défricher en cet endroit, il doit être de la même qualité que le reſte du tenement, ſa mauvaiſe qualité & ſon peu de valeur a empêché qu'on ne l'ait mis en culture, on la laiſſé pour ſervir de défenſe aux terres cultivées du domaine de Chiffrevaſt, & en éloigner les allants & venants par leſdits deux Chemins publics pour l'utilité des terres de Chiffrevaſt, & auſſi pour ſervir de retraites aux Proceſſions autrefois abondantes à ladite Croix au Fol.

Il faut convenir que ce petit terrain eſt dans le même alignement des autres terres qui forment le Hameau des Fols, & qu'il paroit comme le dit ledit ſieur de Chiffrevaſt qu'il eſt demeuré ſans défricher quand le reſte l'a été.

Mais ſur la foi de qui ledit ſieur de Chiffrevaſt oſe-t'il avancer que ledit tennement des Fols, qui compoſe avec ledit petit terrain une même piéce ſoit du domaine de ſon fief, ce fait lui a été abſolument méconnu ſans qu'il ait pû en faire la preuve, on n'en eſt pas demeuré-là, le Supliant a communiqué pluſieurs Actes qui prouvent que ledit tenement le Fol, ainſi que pluſieurs autres héritages qui ſont ſur le même alignement, le long de la route tendante du Chemin de Vallognes à Cherbourg à la Lande de Beaumont paſſant par ladite Croix au Fol, ſont dépendant du Domaine du Roy.

Ces Actes ſont, 1°. Un Aveu rendu au Roy le 24. de May 1552. par Guillaume le Fol, pour lui & Jeane Blance ſa Femme, d'une Piéce de terre contenant ſept vergées qui fait partie dudit tenement aux Fols, qui eſt bornée d'un côté & d'un bout à la Haye de Vallognes.

2°. Un autre Aveu de l'année 1605. rendu par Jean le Fol pour lui & ſes Freres, d'un fond qui fait partie du même tenement, & qui a auſſi les mêmes bornes de la Haye de Vallognes & qui releve pareillement du Domaine.

3°. Une Ordonnances des Commiſſaires nommez par le Roy, pour la recherche des uſurpations faite ſur la Forêt du Roy par les Riverains en datte du 6. de Juillet 1607. par laquelle on jugea que Jean le Fol Prêtre, avoit fait des uſurpations ſur la Forêt, & entr'autre à l'endroit où eſt placé le Preſſoir, pourquoi il eſt condamné en 49. liv. d'Amende.

Il eſt vrai que ſon Héritier s'en fit décharger par Arreſt du 29. Octobre 1610. mais il réſulte toûjours de ladite Sentence que leſdits héritages étoient contigus de la Forêt du Roy & qu'ils la joignoient immédiatement, & par leſdits Aveux il eſt bien prouvé que ceſdits héritages relevent du Roy, au Domaine duquel ils doivent ſept ſols de rente.

4°. Un autre Aveu rendu par Jean le Fol pour lui & ſes Freres des mêmes héritages, avec les mêmes bornes de la Forêt du Roy ſous le Titre de Haye de Vallognes, ledit Aveu rendu à Sa Majeſté le premier Avril 1609.

Le Supliant a enfin communiqué des Lots & partages de la Succeſſion de Jean le Fol, entre Richard le Fol & les Enfans de Guillaume le Fol le 27. Aouſt 1619. dans leſquels les mêmes piéces d'héritages ſont bornées par la Haye de Vallognes qui eſt la Forêt du Roy, & déclarez réellement de ſon Domaine.

On ne peut pas douter que ces héritages ne ſoient ceux qui ſont encore aujourd'hui exiſtants & qui bornent ledit petit terrain; car il n'y a que cet endroit où les héritages puiſſent être bornez au même-tems par le Chemin de Beaumont à la Haye de Vallognes, & par ladite Haye de Vallognes, ce Chemin eſt la route qui paſſe le long des héritages dudit tennement apellé le Chemin de la Croix au Fol à la Lande de Beaumont, & *la Haye de Vallognes* eſt le nom de la Forêt, d'où il réſulte inconteſtablement que ledit terrain faiſoit partie de la Forêt, puiſque c'eſt par cet endroit ſeulement que leſd. héritages pouvoient la borner.

Si ce petit terrain faiſoit partie de la Forêt, il s'enſuit qu'il n'apartenoit pas au ſieur de Chiffrevaſt.

Le ſieur de Chiffrevaſt a dit que ce petit terrain étoit de la même nature que ledit tenement au Fol, que c'étoit le reſte des Terres qui n'avoient point été défrichez, conſéquemment qu'il devoit apartenir au même Seigneur dont leſdites terres défrichées étoient dépendantes.

On a admis ce raisonnement, & on a promis de le rétorquer contre le sieur de Chiffrevast, en effet, puisqu'il ne peut justifier que les héritages qui composent le tenement de Fols lui ayent apartenu, & qu'elles soient dans sa mouvance, étant prouvé d'un autre côté que lesdits héritages sont mouvants du Domaine du Roy, la conséquence qui suit du principe que le sieur de Chiffrevast a établi, est que ledit terrain apartient au Roy & non au sieur de Chiffrevast.

En effet, qui pouroit jamais penser que les héritages du sieur de Chiffrevast s'étendissent dans les terres qui apartiennent au Roy, & pénétrassent dans sa Forest par une petite largeur, telle que celle dont il s'agit, dont les trois côtez sont au Roy, ou de son Domaine.

Loin donc que la situation de ce petit terrain forme en faveur du Sr de Chiffrevast une preuve de propriété, elle l'en exclud totalement suivant même son raisonnement, puisque les terres défrichées qui composent le tenement des Fols a toûjours apartenu au Roy, & relève encore aujourd'hui de son Domaine.

A l'égard de la possession dont le sieur de Chiffrevast a fait son second Moyen d'Apel, il l'a fait consister. 1°. En ce qu'il prétend qu'il n'a point d'autre issuë pour entrer dans sa Ferme & en sortir. 2°. En ce qu'il y avoit une Avenuë de plusieurs rangées d'Arbres de haute-futaye, plantez plus de cent ans avant l'érection du fief de Marandé, lesquels ne peuvent l'avoir été que par les Seigneurs de Chiffrevast.

Quand cette possession seroit aussi-bien prouvée, qu'elle l'est peu, elle ne seroit d'aucune importance contre le Roy & son Domaine, contre lequel on ne peut alléguer de prescription, la possession ne sert donc de rien quand on ne justifie point de propriété; aussi est-il vrai que le sieur de Chiffrevast ne s'est servi que de son prétendu droit de propriété, & que c'est sous ce seul prétexte qu'il a apuyé son opposition, & qu'il l'apuye encore.

Mais ce qu'il donne pour premier Acte de possession n'en est point un; il est vrai qu'une Ferme qui a apartenu autrefois au nommé *Ponthus*, & qui est à present au sieur de Chiffrevast, a son entrée & sa sortie sur ledit terrain; mais il n'est que trop ordinaire que ceux qui ont des héritages Riverains de la Forest du Roy s'y ménagent des sorties, sans que pour cela ils soient proprietaires du terrain sur lequel ils se prtiquent des ouvertures.

Les nommez le Fol ont aussi une ouverture sur ce petit terrain, par le moyen d'une petite voye, qu'on apelle la voye du Hameau; & cependant ils ne prétendent sur ledit terrain aucune propriété, puisqu'ils ont employé dans leurs Aveux, qu'ils bornoient la Forest de la Haye de Vallognes, dont ce petit terrain faisoit partie avant l'Adjudication faite au sieur de Marandé, & ce passage usurpé sur ledit terrain, ne pouroit être regardé que comme une servitude sur icelui, tant que le Sr de Chiffrevast ne justifiera point qu'il en a la propriété; ainsi il faut retrancher ce premier Acte prétendu de possession, qui est de tout point inutile audit sieur de Chiffrevast.

D'ailleurs, comme on l'a déja dit, cette entrée n'est pas une entrée de nécessité, puisque ladite Ferme étant bornée par le grand Chemin de Vallognes à Cherbourg, le sieur de Chiffrevast y a pû faire l'ouverture de sa Ferme, & celle qu'il a faite sur la Forest du Roy, n'est qu'une véritable usurpation.

A l'égard du second, il est de la même nature que le premier; & quand il seroit vrai que le sieur de Chiffrevast eût planté quelques arbres sur ledit terrain, fait non justifié & dont on ne convient pas, il s'ensuivroit qu'il auroit planté sur le fond du Roy, & ces arbres auroient apartenu au Roy, par la régle que la superficie cede au fond, principallement quand le fond est Domanial, dont on ne peut acquérir la propriété par la voye de prescription.

Il faut ajoûter que le sieur de Chiffrevast, a si peu prétendu que la plantation de ces arbres lui en attribuë la propriété, qu'il a vû sans reclamation le feu sieur le Saulnier & le Supliant, faire abattre & emporter chez eux une partie de ces arbres.

Il est vrai que le sieur de Chiffrevast allégue que c'étoit lui qui avoit fait don de ces arbres audit sieur le Saulnier, il prend même occasion de cette allégation de reprocher de l'ingratitude au Supliant.

Mais cette allégation de donation est-elle présumable, le Sr le Saulnier avoit dans ses propres fonds, autres que celui-là, des arbres plus qu'il ne pouvoit en avoir besoin, il auroit eû bien mauvaise grace de demander au sieur de Chiffrevast des arbres dont il n'avoit point de besoin, & qu'on ne pouvoit abattre sans deshonorer cette petite avenuë. On en parlera encore ci-après.

Il n'y a donc aucun reproche d'ingratitude à faire au Supliant, puisqu'il n'a été fait ni à son pere ni à lui aucune donation desdits arbres, il ne les a abatus, que parce qu'il les a trouvez sur un fond dont la propriété lui apartenoit.

Loin donc cette prétenduë possession que le sieur de Chiffrevast voudroit s'arroger, quoiqu'elle lui soit très-inutile pour le fait de propriété, à joindre que quand il pouroit tirer de cette possession quelque avantage, elle ne pouroit s'étendre que sur l'espace que lesd. arbres auroient occupé, puisqu'il est encore de maxime qu'on ne prescrit qu'autant qu'on possede.

Aussi le sieur de Chiffrevast n'a pas assez compté sur sa prétenduë possession, qu'il n'ait tâché d'établir son droit de propriété, il l'a fondée sur les termes de ses Aveux; on en a ci-devant fait la discution, on a fait voir qu'il faisoit une mauvaise aplication des bornes qui y sont contenuës, on a expliqué pourquoi on avoit employé dans ces bornes du côté du *Levant le Chemin de la Lande de Beaumont à la Croix au Fol*, & que de ces termes on ne pouvoit conclure que le terrain dont il s'agit y fut compris.

Mais on a fait plus, on a communiqué les partages faits de la Terre de Chiffrevast en l'année 1650. dans lesquels il est employé un tenement d'héritages nommé *la Maison Ponthus*, qui est bornée ainsi; *un autre tenement d'héritages nommé* la Maison Ponthus, *qui se consiste en une Maison manable, Granges & Etables, avec cinq piéces de terre, contenant parmi le tout* 35. *vergées, la plûpart plantées en pommiers, jouxte le* Planitre de la Croix au Fol, *la route de Valognes à Cherbourg, les piéces ci-devant dites, & Anne le Fol.*

Ladite *Maison Ponthus* sont les seuls héritages dudit sieur de Chiffrevast, qui jouxte ledit terrain; on le donne pour borne à ce tenement. La conséquence est nécessaire qu'il n'en fait point partie.

Le sieur de Chiffrevast bien convaincu que ce terrain ne fait point partie de la Maison Ponthus, avoit voulu se l'attribuer par les termes de ces Aveux, qui portent qu'il lui apartient, *grand & somptueux domaine & landes, tant en la Paroisse de Tamerville, Beaumont, Sauxemenil qu'autres & aux environs*, il a dit que le terrain dont il s'agit faisoit partie de la Lande de Beaumont dont il étoit propriétaire, on lui a répondu, 1°. Qu'il ne peut se dire propriétaire de la totalité des Landes de Beaumont; parce qu'il étoit justifié par piéces autentiques que les Paroissiens d'Alleaume en avoient fait des aliénations en faveur de personnes qui en étoient actuellement en jouïssance; ainsi quand ce petit terrain eût pû être réputé faire partie de la Lande de Béaumont, la conséquence ne seroit pas juste qu'il eût apartenu audit sieur de Chiffrevast, puisque toute la Lande de Beaumont ne lui apartient pas.

Mais en second lieu, on lui a fait observer qu'on ne peut sans renverser l'ordre des situations, mettre ledit petit terrain dont il s'agit au nombre des Landes de Beaumont, puisqu'il en est séparé par différens tenements d'héritages qui ne sont pas même de la tenure du sieur de Chiffrevast, & le Chemin qui passe par l'extrémité de ce petit terrain; est apellé le *Chemin de la Croix des Fols à la Lande de Beaumont.*

Ainsi il est évident qu'il ne fait point partie de la Lande de Beaumont, conséquemment cette chimere de Titre s'évanoüit.

Rien donc de plus certain que le défaut de Titres de la part dudit sieur de Chiffrevast pour reclamer la propriété dudit terrain dont il s'agit, on peut même dire que ceux qu'on doit regarder dans les Familles les apuis des possessions

feſſions, à ſçavoir les Lots & les Aveux ſont contraires à ſa prétention ; puiſque ledit terrain n'eſt point employé dans ſes Aveux , & qu'il n'en eſt fait mention dans les Lots de 1650. que pour le donner comme bornes aux héritages de la terre de Chiffrevaſt, ce qui prouve qu'il n'en fait point partie.

Le ſieur de Chiffrevaſt n'a donc pas lieu de ſe plaindre de ce que la Sentence dont eſt Apel l'a évincé de ſa prétention de propriété dudit terrain, on ne pouvoit Juger autrement ſans mettre le comble à l'injuſtice ; mais on ne devoit pas , par complaiſance pour le ſieur de Chiffrevaſt, en priver le Supliant à qui il apartient ſi légitimement.

C'eſt le principal motif de l'Apel que le Supliant a interjetté de ladite Sentence, il en a ſignifié les griefs au ſieur de Chiffrevaſt qui y a fourni une réponſe, on va les diſcuter le plus ſommairement qu'il ſera poſſible, pour faire voir à la Cour que cette Sentence n'eſt injuſte que dans ce qu'elle a prononcé à l'égard du Supliant.

EXAMEN DES MOYENS D'APEL DU Sr. D'EROUVILLE,
ET DES RE'PONSES DU Sr. DE CHIFFREVAST.

Le ſieur d'Erouville a propoſé trois moyens d'Apel contre ladite Sentence. Le premier , conſiſte en ce que le ſieur de Chiffrevaſt n'étoit pas recevable en ſon opoſition , étant ſans intérêt.

Le ſecond , que la poſſeſſion dudit terrain étant certaine de la part dudit ſieur d'Erouville & de ſon Pere, le ſieur de Chiffrevaſt ne pouvoit être écouté dans ſon opoſition qu'il n'eût pris la voye propriétaire, qui ſeule pouvoit donner paſſage à ladite opoſition.

Et le troiſiéme , que le ſieur d'Erouville a véritablement la propriété dudit fond.

Le ſieur d'Erouville a employé à la tête dans ſon écrit de Griefs , que le Juge de Vallognes n'étoit pas compétent de connoître de ladite opoſition, la raiſon qu'il en a donné eſt péremptoire , ce Juge n'agiſſoit que pour l'exécution de l'Arreſt de la Cour des Comptes, Aides & Finances du 14. Avril 1728. cet Arreſt porte uniquement que la lecture ſera faite aux Aſſiſes ou à trois jours d'Audience de la Juriſdiction de Vallognes , *pour les Actes de lecture raportez à ladit Cour être ordonné ce qu'il apartiendroit.*

Le Juge n'avoit donc d'autre fonctions à faire que de donner Acte de la lecture & de l'opoſition du ſieur de Chiffrevaſt ; mais il n'étoit pas commis pour inſtruire , puiſque la Cour des Compte s'étoit réſervé d'ordonner ce qu'il apartiendroit , après que les Actes de lecture lui auroient été raportez.

Il eſt vrai que le ſieur d'Erouville a procédé volontairement devant le Juge de Vallognes ; mais l'obſervation dudit ſieur d'Erouville n'en eſt pas moins juſte , & il n'a pas été moins obligé de la faire ſentir à la Cour afin qu'elle Juge en connoiſſance de cauſe , & que le ſieur de Chiffrevaſt ne puiſſe pas attaquer par raiſon d'incompétence l'Arreſt que le ſieur d'Erouville attend de ſa Juſtice , vû la ſolidité de ſes moyens d'Apel.

PREMIER MOYEN CONCERNANT LA FIN DE NON-RECEVOIR.

La fin de non-recevoir réſulte du défaut d'intérêt du ſieur de Chiffrevaſt dans l'opoſition qu'il a formée , il convient que pour former une opoſition il faut avoir intérêt à la choſe. Or, le ſieur de Chiffrevaſt n'en a aucun à la réformation dudit Aveu du ſieur d'Erouville.

Il n'en a aucun au changement des trois bornes dont ladite Sentence fait mention, & dont le ſieur d'Erouville n'eſt point Apelant, ledit ſieur de Chiffrevaſt n'ayant de ces côtez aucunes tenures.

Le Supliant n'a pas à la vérité cotté en grief ce qui a été prononcé ſur ces bornes , parce que la différence n'eſt que dans les termes , & que ladite Sentence n'aporte aucun changement réel à l'étendue dudit fief comme on l'a fait voir ci-devant ; mais cette circonſtance ne doit pas être négligée , parce que

E

le Juge devoit y avoir égard quand il a prononcé la condamnation des dépens.

À l'égard du petit terrain dont il s'agit, du côté duquel il a été aussi ordonné que les bornes seroient réformées, le sieur de Chiffrevast a été Jugé sans intérêt par ladite Sentence, puisqu'elle a Jugé que ledit terrain n'apartenoit point audit sieur de Chiffrevast.

Il est vrai qu'il est lui-même Apelant de ladite Sentence, & qu'il conclud en réformant qu'il sera déclaré propriétaire dudit terrain ; mais le Supliant se flate d'avoir établi que l'Apel dudit sieur de Chiffrevast est sans aucun prétexte, puisque sa prétention est dénuée de Titres en sa faveur, & qu'on en a communiqué qui portent une exclusion formelle dudit terrain.

Ainsi dans l'hypotése même du Juge qui a rendu ladite Sentence, la fin de non-recevoir étoit incontestable contre l'oposition dudit sieur de Chiffrevast, & son Apel ne leve point cette fin de non-recevoir, puisqu'il n'a pas mieux établi son droit de propriété en la Cour qu'il avoit fait devant le premier Juge.

Il n'est pas douteux que le Substitut de Mr le Procureur-Général n'ait donné ajonction au Supliant, puisqu'il a donné des Conclusions en sa faveur, qu'il soit vrai que le Frere dudit Substitut ait épousé une Parente du Supliant, c'est un point fort indifférent dans cette Cause, les Parens de la Femme d'un Frere ne sont rien à un autre Frere, & comme cette circonstance ne pouvoit former contre ce Substitut un moyen de récusation, on ne doit pas l'alléguer pour ôter du poids de ses Conclusions.

Il y a aussi peu de prétexte à dire que les deux Avocats du Roy furent d'Avis contraires, on sçait que la Déclaration du Roy de 1691. a omologué la Transaction faite entre les Gens du Roy du Bailliage de Roüen, & l'a rendüe commune pour tous les Parquets de Normandie.

Ladite Transaction porte que les Conclusions seront Délibérées Collégiallement, celles qui furent mises au present Procès le furent au desir de cette Déclaration, & elles passérent à la pluralité des voix à conclure en faveur du Supliant ; si les deux Avocats du Roy eussent été d'Avis contraires à celui du Procureur du Roy, les Conclusions eussent passé à leur Avis ; il est vrai qu'un des Avocats du Roy parut d'Avis contraire ; mais c'est parce qu'il est Vassal du sieur de Chiffrevast & qu'il craignit de lui déplaire.

Il est vrai encore, que le Procureur du Roy signa seul les Conclusions ; mais c'est que par la même Transaction, il est porté qu'il les signera seul, c'est comme si on disoit qu'un Jugement n'a pas passé à la pluralité des Voix, parce qu'il n'est signé que de celui qui a Présidé.

Cette circonstance ne devoit donc pas être relevée, & il n'est pas moins vrai que les Gens du Roy ont donné ajonction au Supliant, puisque leurs Conclusions étoient en sa faveur, c'étoit cependant les seuls qui avoient qualité pour former oposition audit Aveu, puisqu'ils ont à défendre l'interest du Roy, à qui ce petit terrain apartiendroit, s'il n'avoit pas passé aux mains des Auteurs du Supliant ; mais pour le Sr de Chiffrevast n'ayant ni la propriété ni la tenure dudit terrain, la fin de non-recevoir qui a fait le premier Moyen d'Apel du Supliant est très-bien fondée.

SECOND MOYEN CONCERNANT LA POSSESSION.

La possession que le Supliant a allegué pour second Moyen d'Apel, formoit encore un obstacle à la prétention du sieur de Chiffrevast, en suposant même qu'il eût quelque droit de propriété sur le fond dont il s'agit, un seul raisonnement fait la preuve de cette proposition.

Il est de principe que tout propriétaire qui a perdu la possession du fond, ne peut en reclamer la propriété que par la voye de Lettres de loi aparente, c'est celle que prescrit la Coûtume de cette Province par l'Article 60. le Sr le Saulnier Pere avoit toûjours eû la possession dudit terrain ; on ne pouvoit donc l'ôter à son Héritier que par la voye de Lettres de loi aparente.

Cependant sans prendre cette voye, le sieur de Chiffrevast par son oposition à l'Aveu du Supliant, demandoit & il le demande encore en la Cour d'être maintenu dans la proprieté & poffeffion dudit terrain. Or, la poffeffion étant aux mains du Sr le Saulnier, il ne reftoit plus au Sr de Chiffrevaft que la prétention de la proprieté, ç'a été en effet fur cette proprieté prétenduë qu'il a fait rouler fa Caufe ; mais n'ayant pas pris la voye que la Coûtume lui indiquoit pour la faire valoir, fon opofition ne devoit pas être écoutée.

Le Supliant a articulé deux faits de poffeffion également importants ; le premier, réfulte de l'Aveu que le fieur le Saulnier fon Pere a rendu au Roy en 1712. Aveu bien & dûëment vérifié, & fur lequel il a obtenu en la Cour des Comptes un Arreft de derniere main-levée.

Le fieur de Chiffrevaft reconnoît que le terrain dont il s'agit eft compris dans ledit Aveu ; c'eft le motif de fon opofition.

Or, on ne peut méconnoître qu'un Aveu ne foit un Acte poffeffoire, & cet Acte eft public & autentique, quand il a paffé par toutes les épreuves qu'a fouffert celui de 1712.

Le fecond fait de poffeffion, eft l'abattis de plufieurs arbres fur ledit terrain, lefd. arbres faifant partie de ceux que le fieur de Chiffrevaft qualifie d'*Avenuë*, abattis fait tant par le Sr le Saulnier, que par le Sr d'Erouville. On ne dira pas que l'abattis d'Arbres fur un fond ne foit un Acte bien formel de poffeffion ; Acte qui doit avoir d'autant plus de poids, qu'il a été fait en plein jour, en prefence & fous les yeux du Sr de Chiffrevaft.

Le fieur de Chiffrevaft fur le premier fait, dit qu'il ne fuffit pas pour faire une preuve de poffeffion contre-lui, parce que (dit-il) il n'y a été ni prefent, ni apellé.

D'ailleurs, ajoûte-t'il, il avoit dès l'année 1711. un an auparavant l'Aveu du fieur le Saulnier, prefenté le fien fans aucune opofition de la part dudit fieur le Saulnier.

On convient que le fieur de Chiffrevaft n'a été ni prefent ni apellé à l'Aveu dudit fieur le Saulnier ; mais ledit Aveu n'en a pas été pour cela moins publié, ayant été lû en l'Affife & aux Paroiffes où la Cour des Comptes, Aydes & Finances l'a ordonné ; Information faite en confequence & communication aux Gens du Roy, tant du Bailliage, que des Eaux & Forefts, & même au Receveur du Domaine.

Celui du fieur de Chiffrevaft n'eft pas revêtu de tant de formalitez, puifqu'il n'a point été communiqué au Procureur du Roy des Eaux & Forêts, cependant il prétend bien qu'il foit réputé un Acte public.

Mais il y a cette différence effentielle entre ces deux Aveux ; c'eft que le fieur de Chiffrevaft convient que le terrain en queftion eft employé dans celui du fieur le Saulnier, & que l'on a fait connoître démonftrativement que celui dudit fieur de Chiffrevaft ne contient point ledit petit terrain.

On ne conçoit pas de quelle grace le fieur de Chiffrevaft qui donne fes Aveux pour des Actes probatifs, non-feulement de fa poffeffion, mais de fa proprieté, prétend que ceux du fieur le Saulnier n'auront pas le même effet, il y a dans cette prétention une injuftice trop évidente pour qu'elle puiffe être écoutée ; ainfi ce premier fait de poffeffion doit être admis fuivant les principes mêmes dudit fieur de Chiffrevaft.

A l'égard du fecond, il demeure conftant de l'aveu même dudit fieur de Chiffrevaft, il dit qu'il n'a fait cette reconnoiffance, qu'avec cette circonftance qu'il avoit fait don de ces arbres audit fieur le Saulnier, & qu'on doit prendre fa déclaration en fon entier ; parce que le Supliant n'a d'autres preuves de cet abatis d'arbres que cette reconnoiffance.

Cette propofition a plus de fubtilité que de folidité, le Supliant avoit mis en fait de preuve l'abatis defdits arbres fait par fon Pere & par lui, le fieur de Chiffrevaft pour empêcher cette preuve que le Supliant n'eût pas manqué de faire a été forcé d'en reconnoître la vérité, après cette reconnoiffance le Juge auroit Jugé ridiculement, s'il avoit apointé le Supliant à la preuve d'un fait reconnu.

Il eft vrai qu'il a ajoûté qu'il avoit fait don de ces arbres au feu fieur le

Saulnier ; mais on lui a méconnu cette libéralité , c'étoit donc à lui à prouver si il le jugeoit à propos ce don prétendu qu'il alléguoit , & que le Supliant méconnoissoit.

Ces deux faits étoient distincts & séparez , on ne peut pas dire que le Supliant fut obligé de prouver que ce don ne lui avoit point été fait , on ne prouve point une négative ; c'étoit donc au sieur de Chiffrevast à prouver cette donation , & que c'étoit en conséquence d'icelle que ledit sieur le Saulnier & le Supliant avoient fait abattre lesdits arbres , il ne l'a point fait , & il se flâte après cela qu'on doit en croire sa déclaration , jamais proposition n'a été plus injuste ; ce n'est point ici le cas où la déclaration doit être prise en son entier , le sieur de Chiffrevast n'avoit qu'à laisser faire la preuve du Supliant , il y auroit réüssi sans le secours de la déclaration dudit sieur de Chiffrevast , & celui-ci auroit prouvé s'il eût pû sa prétenduë libéralité ; mais ayant empêché une preuve , qui par sa reconnoissance devenoit inutile , il lui est resté la faculté de prouver sa prétenduë donation , il ne l'a point entreprise , parce qu'il a bien compris qu'il n'y réüssiroit pas.

En effet , deux circonstances s'oposent à la vrai-semblance de cette donation imaginaire. La premiere , est que le sieur le Saulnier ayant sur sa Terre des arbres en assez grand nombre , il n'est pas compréhensible qu'il se fut avisé d'en demander audit sieur de Chiffrevast. La seconde , résulte de ce que le sieur de Chiffrevast a dit lui-même , que peu après ledit Aveu de 1712. il s'étoit plaint de l'usurpation que le sieur le Saulnier vouloit faire dudit terrain.

Est-il présumable que dans le tems que ledit sieur de Chiffrevast regardoit ledit Aveu comme une usurpation d'un terrain dont il étoit propriétaire , il eût favorisé l'usurpateur & son usurpation en lui facilitant des Actes qui pouvoient lui servir de Titre de possession.

Quelque libéral que le Sr de Chiffrevast veüille paroître , quelques bienfaits réels ou imaginaires dont il ait comblé les Prédécesseurs du Sr d'Erouville (car pour lui on n'articule pas qu'on lui ait fait aucun bien , au contraire on use dans ce Procez à son égard de termes si durs , que si ils inspiroiroient quelque ressentiment (comme non) ce ne seroit pas celui de la reconnoissance ,) quelque libéral dont que soit le sieur de Chiffrevast , il est assez attentif à ses interêts pour ne les avoir pas consultez avant de faire pareilles donations.

Une preuve bien parlante de l'attention qu'il a pour ses interêts se manifeste dans la sensibilité qu'il fait paroître au sujet de ce petit terrain , qui de son propre aveu est de nulle valleur , quand on deffend avec tant de vivacité un interest si modique ; il sied mal de vanter une libéralité qui auroit pû faire tort à la prétention qu'on a sur ce même terrain.

C'est un tour d'esprit , que de dire que cette libéralité fut faite sous la promesse de la réformation dudit Aveu ; car outre que cette promesse est aussi formellement méconnuë , il est naturel de penser qu'on eût eû la précaution d'en prendre quelque assurance , & il ne l'est pas qu'on fut resté dans le silence jusqu'en 1728. en voyant sans effet cette promesse prétenduë , & que cependant on eût libéralement donné lesdits arbres & laissé faire l'abattis d'iceux.

Mais un fait également mis en avant , est que le Supliant lui-même a fait abattre quelques-uns desdits arbres depuis la mort de son Pere , le sieur de Chiffrevast n'a pas osé dire qu'il en eût fait la donation au Supliant ; ainsi on voit la possession du Pere continuée dans la personne du Fils , sans qu'on puisse alléguer contre lui la donation imaginaire & non prouvée , dont on voudroit affoiblir la possession du Pere.

Le Sr de Chiffrevast a oposé de pareils abattis faits de sa part ; mais par malheur pour la conséquence qu'il en veut tirer ça a été depuis que le present Procès est commencé. Or , il est des régles que ce qui se fait par les Parties depuis que l'Instance est commencée ne peut attribuer aucun droit , si il en étoit autrement , les plus hardis & les plus entreprenants auroient tout l'avantage , tandis que ceux qui respectent l'autorité de la Justice , & qui atten-

dent

dent fa décifion pour agir , feroient la dupe de leur refpeét & de leur ménagement.

Il eft certain que dès le moment qu'un terrain eft contentieux & prétendu par différentes Parties , & qu'il y a Procès mû à ce fujet , le terrain eft comme en dépôt aux mains de la Juftice , & loin que celui qui viole ce dépôt par quelqu'aéte puiffe s'en prévaloir , il commet un attentat puniffable.

Si le Supliant n'a pas formé opofition à cet abattis d'arbres , c'eft qu'il n'en a eû connoiffance que quand l'attentat a été commis ; mais il n'étoit pas obligé de s'y opofer , puifqu'il étoit bien affuré de faire réparer l'entreprife en diffinitive fi il réüffit.

Quant au pâturage des beftiaux , on a raifon de dire que ce terrain étant ouvert le pâturage n'en a été interdit à perfonne , les nommez le Fol ou ceux qui les reprefentent ont pû y conduire auffi leurs beftiaux , ils ont fur ce fond une fortie comme le fieur de Chiffrevaft ; mais c'eft encore une maxime que le pâturage des endroits ouverts & non cultivez , n'a jamais attribué de propriété à ceux dont les beftiaux y ont été pâturer.

Il eft vrai que les héritages du fieur de Chiffrevaft bornent d'un côté ledit petit terrain ; mais avant l'Adjudication de 1657. il l'étoit de deux par la Forêt du Roy , dans laquelle paffoient alors le Chemin qui va de Vallognes à Cherbourg , & celui qui va de celui-ci à la Croix au Fol , & enfuite à la Lande de Beaumont , & d'un autre côté ce terrain eft borné par le Hameau du tenement des Fols qui eft relevant du Domaine ; parce que ce font terres défrichez de la Forêt comme on l'a dit ci-devant.

Le fieur de Chiffrevaft ne doit donc pas dire que ce terrain eft borné des deux côtez par les terres de fon domaine , puifque les héritages des Fols font du Domaine du Roy.

Mais il eft certain que les héritages defdits le Fol ont leur entrée & leur fortie fur ce terrain ; comment feroit-il poffible qu'ils exerçaffent ce droit fur un fond qui apartiendroit audit fieur de Chiffrevaft , & qu'il l'eût fouffert fans fe plaindre.

Cette circonftance fuffiroit feule pour prouver que ledit terrain n'apartient point audit fieur de Chiffrevaft , c'eft pour tâcher d'éfacer cette objeétion qu'il répete tant de fois que les héritages defdits le Fol font de fon domaine ; mais la produétion qu'on lui a fait des Aveux defdits le Fol rendus au Domaine du Roy , auroit dû lui impofer filence fur ce point , à lui qui n'a pû apuyer fon allégation du moindre Aéte de Seigneurie.

Si il eft donc vrai qu'il ait (ou fes prédéceffeurs) planté lefdits arbres , ce qu'on ne fçait pas , c'eft une entreprife fur le fond du Roy qui a bien pû rendre le Roy propriétaire defdits arbres , par la raifon que *fuperficies folo cedit* ; mais qui n'a pû ôter au Roy la propriété dudit terrain.

Quant à la tenure , c'eft une prétention dont on vient de faire connoître l'illufion , puifque les héritages qui font dans le même alignement dudit terrain , & qui de l'aveu même du fieur de Chiffrevaft en ont été détachez quand on les a mis en culture , font réellement du Domaine du Roy ; le fieur de Chiffrevaft dit qu'ils font de fon domaine fous la fauffe allégation qu'ils relevent de lui ; mais la fupofition de cette allégation une fois juftifiée par les Aveux que lefdits le Fol ont de tout tems rendu au Domaine dont un eft de 1552. fans que le fieur de Chiffrevaft y ait jamais exercé de Seigneurie , il s'enfuit que lefdits héritages étant relevants du Roy , qu'ils ont été aliénez de fa Forêt dont les fonds faifoient autrefois partie , ce qui par une conféquence néceffaire , emporte auffi la propriété dudit terrain qui n'a point été défriché comme le fieur de Chiffrevaft l'a dit lui-même à la page 13. de fon imprimé.

C'eft une foible reffource que de dire que les fieurs de Chiffrevaft n'ont point été prefents ni apellez aux Aveux defdits le Fol , & que ceux-ci n'ont travaillé que pour fe fouftraire de fa mouvance , on pouroit écouter le fieur de Chiffrevaft s'il reprefentoit de fon côté quelqu'aéte de Seigneurie fur ces héritages ; quelques Aveux anciens ou modernes , quelque payement à lui fait de treiziéme , quelque réünion faute d'Aveu.

F

Mais n'avoir d'autre preuve que l'allégation qu'on fait, imaginer une volonté de se souftraire à sa tenure sans avoir fait la moindre procédure pour la reclamer, vouloir enfin qu'on en croye le sieur de Chiffrevast sur sa parole, & qu'elle ait la préférence sur un grand nombre d'Actes qui prouvent que lesdits héritages sont mouvants du Roy; c'est en vérité trop se hâter.

On a déja fait voir que le sieur de Chiffrevast ne pouvoit pas raisonnablement soutenir que la tenure de ce petit terrain fut comprise, dans ce qui est dit dans ses Aveux, au sujet de la Lande de Beaumont. 1°. Parce qu'il ne lui apartient que très-peu de ladite Lande de Beaumont, & peut-être aucune partie. 2°. Parce que ledit petit terrain ne fait point partie de ladite Lande de Beaumont.

Le Supliant pour prouver que ledit terrain ne fait point partie de ladite Lande de Beaumont, s'est servi de cette circonstance qu'il y a un grand Hameau composé de différents héritages, apartenants à différents particuliers entre ladite Lande de Beaumont & ledit petit terrain, & il a ajoûté que le Chemin qui passe au bout de ce petit terrain du côté du Midi, est appellé le *Chemin tendant de la route de Vallognes à la Commune de Beaumont*, d'où il a encore conclu que ledit terrain ne faisoit point partie de ladite Commune.

Ce raisonnement paroit sans replique, le sieur de Chiffrevast a cependant voulu y répondre; mais comme il n'a pû le faire sans détourner le sens de l'objection, on ne s'attachera point à réfuter ce qu'il a dit; à joindre que ledit sieur de Chiffrevast n'osant insister à ce que ledit terrain fasse partie de la Lande de Beaumont, s'est réduit à dire que quand bien même il n'en feroit pas partie, lui sieur de Chiffrevast n'en seroit pas moins propriétaire dudit terrain.

Mais cet argument une fois abandonné, il ne reste que les Aveux dudit Sr de Chiffrevast, qui certainement ne comprennent point ledit terrain, comme on l'a fait voir.

Ainsi ce qui est démontré, *à n'en pouvoir douter non plus que du jour en plain midi*, pour se servir des termes du sieur de Chiffrevast, est que ledit sieur de Chiffrevast n'a sur le fond en question, ni propriété, ni possession, ni tenure, & que le Supliant a en sa faveur plusieurs faits de possession, tant de son Pere que de lui qui étoient en force & vigueur, quand ledit sieur de Chiffrevast a prétendu par ladite opofition à l'Aveu du Supliant, se faire déclarer propriétaire du terrain dont il s'agit, ce qu'il ne pouvoit faire aux termes de l'Article 60. de la Coûtume, qu'en obtenant des Lettres de loi aparente.

Mais comme le Supliant a cotté pour troisiéme moyen d'Apel de lad. Sentence, qu'il étoit véritablement propriétaire dudit terrain, il va aussi discuter ce qu'il a dit pour établir ce troisiéme moyen, & réfuter les raisonnements dont ledit sieur de Chiffrevast s'est servi pour y répondre.

TROISIE'ME MOYEN D'APEL DU Sr. D'EROUVILLE,
CONCERNANT LA PROPRIE'TE' DUDIT TERRAIN.

Cette propriété dudit terrain en faveur du Supliant a été déja traitée dans l'exposition du Fait, quand on a discuté ce que le sieur de Chiffrevast a dit à l'occasion de l'Adjudication de 1657. & des Arrêts du Conseil qui ont réduit ladite Adjudication à 360. arpens, on sera obligé d'en répéter quelque chose; mais on le fera le plus sommairement qu'il sera possible.

Un premier fait est que ce petit terrain faisoit partie de la Forêt du Roy en 1655. on l'a prouvé. 1°. Par les Aveux de le Fol & les Lots faits entr'eux, dans lesquels ils ont donné pour bornes à leurs héritages *la Haye de Vallognes* (c'est le nom de la Forest du Roy.) Or, ce n'est que par ce terrain qu'ils bornoient ladite Forest; ainsi ces Aveux sont une preuve que ledit terrain apartenoit au Roy. 2°. Ces mêmes Aveux portent que les héritages dudit le Fol relevent du Domaine, d'où il s'ensuit qu'ils en sont des aliénations. Le sieur de Chiffrevast est convenu que celui de qui étoient mouvants les héritages des Fol qui sont contigus audit terrain, étoit le véritable propriétaire d'icelui; parce qu'il est évident que les héritages qui composent ledit tenement des

Fol , n'étoient avec ledit terrain qu'un seul & même corps , dont une partie a été défrichée & l'autre demeurée inculte , à cause de sa mauvaise qualité ou pour quelqu'autre raison ; c'est pour cela que le sieur de Chiffrevast , dans la vûe de s'arroger la propriété dudit terrain , a répété tant de fois que le tenement des Fols étoit de son domaine ; mais n'ayant pû prouver sa mouvance sur ledit tenement , le Supliant ayant au contraire , prouvé par plusieurs Actes très-anciens & hors de soupçon , que ledit tenement & plusieurs autres héritages qui sont dans le même alignement sont relevant du Domaine ; il s'enfuit suivant le raisonnement même dudit sieur de Chiffrevast que ledit terrain apartenoit au Roy.

Ainsi ce premier fait que ledit terrain apartenoit au Roy en 1657. tems de l'aliénation de la Forêt ne peut souffrir la moindre difficulté.

Un second fait , est que par l'Adjudication de 1657. le Roy a aliéné tout ce qu'il avoit dans la Haye de Vallognes, *sans en rien réserver ni retenir* , ce sont les propres termes de l'Adjudication ; ainsi quand les bornes qui ont été données auxdits 1618. arpens qui étoient ajugez n'auroient pas compris spécifiquement ledit petit terrain , il n'en feroit pas moins partie de ladite Adjudication puisqu'il apartenoit au Roy , & que l'intention de Sa Majesté étoit d'aliéner tout ce qui lui apartenoit dans ladite Haye de Vallognes , *sans en rien réserver ni retenir.*

Mais on peut dire que ledit terrain étoit compris dans les bornes de ladite Adjudication , puisque dans les héritages par lesquels on dit que ladite Forêt aliénée est bornée , on employe ceux du sieur de Chiffrevast qui bornoient immédiatement ladite Forêt par cet endroit.

Il est vrai que ledit petit terrain n'a point été défriché, & n'a point été donné en fieffe au Sr du Gauguier-Piquenot par le Contrat de 1660.

Mais ces deux faits ne prouvent rien ; à l'égard du premier , il est certain qu'il n'y avoit rien de défriché dans ce qui a été ajugé en 1657. ainsi cette circonstance est absolument indifférente ; il est vrai que ce terrain n'a point été défriché depuis ; mais pourquoi cette circonstance feroit-elle une preuve contre le Supliant , & n'en feroit-elle point contre le Sr de Chiffrevast.

Il n'est pas étonnant que le sieur le Saulnier n'ait point défriché ce petit terrain , lui qui avoit un si grand nombre de terre à défricher , & qui en à encore dans les endroits de son engagement qui ne sont point défrichez.

Mais il y auroit lieu de se surprendre que ce terrain n'eût point été défriché , s'il avoit apartenu au sieur de Chiffrevast , & qu'il l'eût laissé ouvert de deux côtez sur deux grands Chemins.

Au reste , le sieur de Chiffrevast a dit lui-même dans son imprimé page 13. que ce petit terrain étoit resté à défricher par son peu de valleur ; c'est par cette raison que les *Fols* qui ont acquis du Domaine ledit tenement *aux Fols* , n'ont point poussé leur acquisition plus loin ; & c'est aussi pourquoi ledit *Sr du Gauguier-Piquenot* ne voulut point qu'il fut compris dans la fieffe qu'il fit en 1660.

On convient donc que ledit terrain n'a point été compris dans ledit Contrat de fieffe fait au sieur du Gauguier-Piquenot en 1660 ; mais c'est par cette raison que la propriété de ce petit terrain est demeurée audit Sr de Marandé , puisqu'il apartenoit au Roy , qu'il étoit compris dans l'Adjudication de 1657. & qu'il ne l'étoit point dans ladite fieffe.

On ne répétera rien de ce qu'on a dit au sujet des Aveux desdits le Fol , qui prouvent si évidemment qu'ils sont du Domaine du Roy. On a fait voir l'illusion de l'allégation, qu'ils avoient cherché à se soustraire de la mouvance du sieur de Chiffrevast pour relever du domaine ; personne n'ignore qu'il est beaucoup plus avantageux de relever d'un Seigneur particulier que du Domaine ; on ne paye au Seigneur particulier que trois années de ses rentes Seigneurialles , on est obligé d'en payer 29. au Domaine , on a des Seigneurs particuliers , composition des treiziémes en cas d'aliénation , on n'en peut espérer des Receveurs du Domaine ; & enfin les biens relevants du Domaine font préfumez en avoir été aliénez, ces aliénations font fujettes à des Taxes quand il plaît au Roy d'en demander, le Roy peut rentrer perpétuellement dans fes Domaines aliénez, tous ces inconvénients ne font point à craindre quand on releve de Seigneurs particuliers, il y auroit donc une imprudence infinie à vouloir fe fouftraire de la Seigneurie d'un Seigneur particulier, pour fe rendre relevant du Domaine & lui payer des rentes.

Mais pour que cet idée de fouftraction de tenure put avoir quelque prétexte, il faudroit que la tenure du Seigneur de Chiffrevaft fut établie par quelqu'acte ancien ou moderne & on n'en fait voir aucun ; les Seigneurs de Chiffrevaft auroient fait quelque démarche pour fe réintégrer dans ces mouvances prétenduës fouftraites, & on ne voit pas qu'ils en ayent fait aucune, près de deux fiécles fe font écoulez depuis le premier des Aveux des *Fols* qu'on a communiqué, pendant lefquels les Seigneurs de Chiffrevaft ont gardé le filence, & ce n'a été qu'à l'occafion du prefent Procès, que pour donner quelque couleur à la prétention imaginaire de propriété du petit terrain dont il s'agit, le fieur de Chiffrevaft s'eft avifé de hazarder que le tenement des Fols étoit de fon domaine, fans qu'il en ait donné aucune autre preuve que cette allégation détruite par des Actes fi autentiques & fi anciens, dont un fi long filence des Seigneurs de Chiffrevaft a confirmé la vérité.

Il eft affez difficile de prévoir quelle conféquence le fieur de Chiffrevaft prétend tirer de la production qu'il a fait d'un Arreft qui a été obtenu par un Seigneur, qui portoit en 1356. le nom de Chiffrevaft au fujet de defordres commis dans fes terres par un Seigneur de Harcourt, cet Arreft ajuge au Seigneur de Chiffrevaft 30000. liv. d'intérêt, & prononce un banniffement contre les accufez, voilà tout ce qu'on voit par cet Arreft ; mais non que le pillage prétendu des Titres ait occafionné la perte des mouvances dudit fief, & fi cette circonftance avoit donné lieu aufdits le Fol de fe fouftraire de la mouvance du fief de Chiffrevaft pour fe ranger fous la mouvance du Domaine du Roy ; n'eût-il pas été auffi aifé à ce Seigneur de Chiffrevaft d'obtenir du Roy, juftice contre des Vaffaux rebelles que contre des Seigneurs du rang de Godefroy de Harcourt.

Mais quatre fiécles écoulez fans aucune plainte, peuvent-ils laiffer quelque réalité à l'allégation de cette prétenduë fouftraction de tenure, fondée fur la fouftraction de piéces prétenduë juftifiée par ledit Arreft de 1356.

Il refte donc toûjours vrai que le tenement des Fols eft mouvant du Domaine du Roy, & qu'il n'a jamais été du fief de Chiffrevaft, ce qui confirme toute les conféquences que le Supliant a tiré de cette circonftance, & ruïne au même-tems celles que le fieur de Chiffrevaft vouloit tirer en fa faveur, en fupofant ledit tenement de la mouvance de fon fief.

Le fieur de Chiffrevaft ne feroit pas tant d'efforts pour affoiblir le Procèsverbal que Mr de Chamillart dreffa en 1666. en qualité de Commiffaire Départi pour la réformation des Forêts fi il n'en avoit pas fenti le poids.

Il eft fi vrai que l'on fut content du premier ouvrage de Mr de Chamillart, que ce fut lui qui fut auffi député pour recevoir les raifons des Parties, & ce fut fur ce qu'il avoit fait que le Roy rendit l'Arreft de 1668.

On feint d'ignorer comment les chofes fe font paffées lors de cette réformation, quand on veut infinuer que le Procès-verbal de Mr de Chamillart, de l'année 1666. fut inutile, & que le Roy ordonna qu'il en feroit dreffé d'autres fur lefquels l'Arreft de 1668. fut rendu.

Le Roy ayant ordonné une réformation des Forêts & des aliénations qui en avoient été faites, avoit auffi ordonné que Procès-verbal feroit dreffé de l'état de la Forêt de Vallognes ; ce fut ce Procès que Mr de Chamillart dreffa en 1666. mais après ce Procès-verbal, le Roy ordonna que les Engagiftes repréfenteroient leurs Titres devant mondit fieur de Chamillart, & y propoferoient leurs raifons dont il drefferoit auffi fon Procès-verbal ; c'eft ce dernier qui eft énoncé dans ledit Arreft du Confeil, parce que c'étoit le feul qui y devoit être énoncé, attendu que les Titres & les raifons des Parties y étoient incérées ; mais celui de 1666. n'a pas moins fervi de baze audit Arreft de

1668.

1668. puifque c'eft par lui que l'état des chofes, c'eft-a-dire les bornes de ce qui avoit été aliéné en 1657. ce qui en avoit été mis en culture, ce qui en avoit été fieffé, le nombre des Maifons & Bâtiments qui avoient été conf-truits a été conftaté.

Monfieur de Chamillart a donc par fondit Procès-verbal employé les bor-nes de ladite Forêt, & il eft certain que du côté du terrain dont il s'agit, il employe pour bornes à ladite Forêt *les Terres & Manoir du fieur de Chiffrevaft, le Hameau & Fieffes des furnommez le Fol*, &c. ce qui renferme ledit terrain, qui eft en effet borné par les terres du fieur de Chiffrevaft, & le tenement & fieffe defdits le Fol.

C'eft s'abufer que de dire que fi lefdites bornes enfermoient ladite petite lande ou terrain, les terres du fieur de Chiffrevaft jufqu'à fon Manoir feroient auffi du compris de ladit Foreft ; car puifqu'elle eft dite bornée les Terres & Manoir du fieur de Chiffrevaft ; il s'enfuit qu'où commencent les Terres du fieur de Chiffrevaft qui font fermées par des Hayes qui les féparent de ladite Forêt, ladite Forêt finit ; ainfi les terres du fieur de Chiffrevaft jufqu'à fon Manoir n'y feroient aucunement comprifes.

Voilà toute l'erreur que le fieur de Chiffrevaft a pû cotter dans ledit Pro-cès-verbal de 1666. erreur imaginaire comme on vient de le faire voir.

Il réfulte donc de ce Procès-verbal, quoiqu'en dife le fieur de Chiffrevaft, que ledit terrain faifoit partie de la Forêt aliénée en 1657. puifque le Roy a tout aliéné, *fans en rien réferver ni retenir*.

Il eft vrai que par ledit Arreft de 1668. le Roy en a remis en fa main 1176. arpens, & que le fieur de Marandé demeura feulement en poffeffion de 442. dont 86. furent cédez à Mr de Matignon par Arreft du Confeil du 9. de Mars 1672. de maniere qu'il n'en refta au fieur de Marandé que 356. arpens ; mais il eft aifé de voir que dans lefdits 356. arpens ledit terrain dont il s'agit étoit compris ; puifque quand il a été queftion de planter des bornes à ce que le Roy s'étoit retenu, il n'en fut mis aucune au-delà du Chemin de Vallognes à Cherbourg.

Il faut pourtant convenir que dans l'arpentage qui fut fait de la réquifi-tion du fieur Corderot Tuteur des Enfans du fieur de Gaumont en 1678. le-dit terrain ne fut point compris, on a expliqué ci-devant de quelle maniere cette erreur peut s'être gliffée.

Corderot nouveau Tuteur pouvoit ignorer la véritable & entiere fituation des terres reftées audit Sr de Marandé, peut-être que le peu d'importance du terrain fit qu'on ne jugea pas qu'il dût entrer dans l'arpentage, peut-être auffi que penfant que le Sr de Marandé avoit aliéné en faveur du Sr du Gau-guier-Piquenot tout ce qu'il avoit de ce côté, on ne porta fes vûës que fur les bornes qui avoient été employées dans ledit Contrat de fieffe ; tout cela peut avoir caufé l'omiffion dudit Procès-verbal.

Le fieur de Chiffrevaft eft admirable, pour fe fervir de fes termes, il ne fait pas difficulté d'alléguer qu'il y a des erreurs dans le Procès-verbal de Mr de Chamillart de l'année 1666. quoique fait en la prefence des Officiers de la Maîtrife de Vallognes, & il trouve mauvais qu'on en impute au Pro-cès-verbal de 1678. comme fi ces Arpenteurs avoient un caractere d'infailli-bilité fupérieur aux lumieres d'une perfonne tel que Mr de Chamillart.

Qu'il ne faffe donc point valoir la qualité d'Officiers du Roy & de Gens Jurez en Juftice, qu'avoient ceux qui ont dreffé le Procès-verbal & fait l'ar-pentage de 1678. pour exclure toute propofition d'erreur contre leur ouvra-ge, il eft évident qu'ils fe font trompez ou qu'ils avoient été mal inftruits par le fieur Corderot, puifqu'ils n'ont point employé ledit petit terrain dans leur Procès-verbal.

Mais la faute du Tuteur ou de ces Arpenteurs n'a pû priver les Enfans mineurs du fieur de Gaumont de ce petit terrain qui leur apartenoit, & qui n'étoit point réfervé par le Roy ; puifque par les bornes plantez pour féparer la Forêt du Roy des fonds qui reftoient au fief de Marandé, il paroit que ce

G

terrain n'y a point été compris, & que ce qui est resté au Roy n'a point outre-passé le Chemin de Vallognes à Cherbourg.

Il faut encore convenir qu'il y eût un autre arpentage fait en l'année 1685. en conséquence d'un autre Arrest du Conseil qui avoit ordonné une nou-velle réformation, cet arpentage fut plus exact que le premier, on y employa le petit terrain qui avoit été omis, & le sieur de Gaumont fut trouvé posséder 360. arpens au lieu de 356. c'est quatre arpens d'augmentation, qui sont à peu-près la contenance du petit terrain dont il s'agit.

Mais le sieur de Chiffrevast convient lui-même que par Arrest du Conseil de ladite année 1686. lesdits 460. arpens resterent en entier au Sr de Gau-mont moyennant la finance qu'il paya, qu'on n'équivoque point sur les ter-mes de *sur-mesure* dont ledit Arrest s'est servi ; c'est ce qui prouve qu'il n'y avoit point eu d'usurpation faite sur la Forêt du Roy, & que le deffaut n'étoit que dans l'arpentage, soit qu'il provint d'omission ou autrement.

Aussi depuis cet Arrest, il n'a été fait aucune inquiétude audit sieur de Gaumont, ni à ceux qui sont à son droit à raison de ce petit terrain, & ils n'y ont été troublez que par l'oposition que le sieur de Chiffrevast a formé à l'Aveu du Supliant. Oposition qu'on voit être dénuée de tout principe, puis-que le Supliant a démontré que le sieur de Chiffrevast n'avoit aucune pro-priété dudit terrain, ses Aveux n'en contenant rien, & les Lots de 1650. en contenant une exclusion formelle.

C'est à ce point que la Cour est supliée de s'atacher. 1°. Parce que le sieur de Chiffrevast n'ayant fondé son oposition que sur la propriété qu'il préten-doit avoir dudit terrain, si cette propriété lui manque, le fondement de son oposition tombe. 2°. Parce que n'étant point le propriétaire dudit terrain, il est sans intérêt de demander la réformation des bornes dudit Aveu de ce côté comme des autres.

Mais on a établi, 1°. Que ledit terrain faisoit partie de la Forêt du Roy lors de l'aliénation de ladite Forêt. 2°. Que le Roy a aliéné la totalité de la Forêt par l'Adjudication de 1657. *sans en rien réserver ni retenir.* 3°. Que par les bornes placées pour séparer le Domaine de Sa Majesté, de ce qui restoit au sieur de Marandé, en exécution de l'Arrest de 1668. ledit terrain est ex-clus de ce qui est demeuré au Roy, conséquemment qu'il est resté en la main du sieur de Marandé. 4°. Que le deffaut de l'arpentage de 1678. a été ré-paré par celui de 1685. & qu'on y a employé la contenance dudit terrain qui avoit été omise dans l'autre, puisqu'il s'y est trouvé quatre arpens d'augmen-tation, ce qui compose à peu-près la teneur dudit petit terrain ; & enfin que par l'Arrest du Conseil de 1686. le Sr du Gaumont qui étoit au droit du Sr de Marandé a été conservé dans la possession desd. quatre arpens de sur-mesure, moyennant la finance qu'il a payée.

Ainsi non-seulement ledit sieur de Chiffrevast est sans qualité étant sans in-térêt de former ladite oposition ; mais il y est très-mal fondé, puisque le Su-pliant est véritablement propriétaire dudit terrain.

Ce qui résulte de ces observations, est qu'il a été mal jugé par la Sentence dont est Apel, en condamnant le Supliant de réformer les bornes de son Aveu de ce côté, sans avoir égard à la propriété par lui prétendue dudit terrain, puisque cette propriété lui apartient légitimement ; mais aussi qu'il a été bien jugé à l'égard du sieur de Chiffrevast, puisqu'il n'a pû justifier par aucun Acte que ladite propriété lui apartint.

CHEF DES DE'PENS.

La condamnation de dépens fournit encore au Supliant un juste sujet d'ap-pel, & le Juge de Vallognes ne pouvoit donner une plus grande preuve de sa partialité en faveur du sieur de Chiffrevast.

L'oposition du sieur de Chiffrevast avoit été formée pour le changement de borne au droit de ses héritages ; il prétendoit que ledit terrain lui apartenoit,

& que cependant le Supliant l'avoit enfermé dans les bornes de son Aveu.

Il faloit que le sieur de Chiffrevast eût la propriété dudit terrain pour que son opolition put avoir du prétexte ; car ce terrain ne lui apartenant point, il étoit sans qualité & sans interests d'empêcher qu'il ne fut compris dans les bornes dudit Aveu, comme on l'a dit.

Le Juge a décidé que ledit terrain n'apartenoit point au sieur de Chiffrevast, ainsi il le jugeoit sans qualité & sans interests, cependant il condamne le Supliant aux dépens envers ledit sieur de Chiffrevast ; c'est-à-dire qu'il couronne une Procedure, qui suivant son principe n'est point valable, il donne à un plaideur téméraire & mal fondé, ce qui n'est dû qu'à des plaideurs de bonne-foi, qui soutienent des interests légitimes ; fut-il jamais témoignage plus manifeste de partialité !

Il est vrai que ce Juge a prononcé la réformation des bornes de ce côté ; mais ce n'est pas sur le principe de l'opolition dudit sieur de Chiffrevast, puisque ce Juge a prononcé, qu'il n'avoit aucune propriété dans le terrain dont il s'agit ; il l'a fait uniquement parce qu'il jugeoit que le Supliant n'en étoit pas plus propriétaire.

Or, dans ce cas il devoit, ou condamner le sieur de Chiffrevast aux dépens de sa mauvaise & mal fondée opolition, ou du moins les compenser, puisqu'il décidoit que la prétention de l'une & de l'autre des parties dans la propriété de ce terrain étoit également mal fondée.

Il est vrai que les deux parties étant également apelantes en ce chef de ladite Sentence, au sujet de ladite propriété, celle des parties à qui la Cour jugera qu'elle apartient aura aussi les dépens ; mais cette condamnation ne pouroit jamais subsister si la Cour se portoit à confirmer ladite Sentence.

Ce qui a été jugé sur les autres bornes, ne devoit pas fournir un prétexte à ladite condamnation. 1°. Parce que le sieur de Chiffrevast étoit aussi sans interest d'en demander la réformation, n'ayant aucun domaine de ces côtez. 2°. Parce que le Supliant a consenti la réformation d'une desd. bornes, sans aucune contestation. 3°. Parce que les autres bornes n'ont eû dans les écritures des parties, qu'une part si legere, qu'elle ne méritoit pas qu'on y fit attention. 4°. Parce qu'en conférant les bornes employées dans ledit Aveu, que ladite Sentence ordonne être suprimées, avec les bornes qu'elle ordonne y devoir être substituées, on trouvera que la difference n'est que dans les termes, & que le fief du Supliant n'en reçoit aucun retranchement ; & enfin, parce que ce changement de bornes n'a été ajoûté au premier & principal moyen de l'opolition du Sr de Chiffrevast, que quand on en a eû fait sentir la foiblesse.

Le Supliant a donc lieu d'esperer, que quand la Cour confirmeroit ladite Sentence dans ce qu'elle a prononcé au chef de la propriété dudit terrain ; c'est-à-dire, quand elle jugeroit qu'il n'apartient, ni au Sr de Chiffrevast, ni au Supliant, elle la réformeroit toûjours au chef des dépens.

Mais le Supliant ayant établi solidement (à ce qu'il espere) que ledit terrain lui apartient, & que le sieur de Chiffrevast n'y a aucun droit, ni de proprieté, ni de tenure ; il peut se flâter que la condamnation des dépens de la Cause principale & d'Apel lui seront ajugez.

On ne s'attachera point à répondre à la nouvelle Conclusion de 1000. liv. d'interests d'induë vexation, que le sieur de Chiffrevast a pris dans son Ecrit de prétendus Griefs ; elle est si denuée de pretexte qu'elle tombera par sa propre foiblesse ; car quand, contre toute aparence, la Cour jugeroit que ledit terrain apartient au Sr de Chiffrevast, il ne se trouveroit ni vexation ni mauvaise foi dans les soutiens du Supliant, qui a pour garand des soutiens qu'il a faits, les propres titres dudit Sr de Chiffrevast.

CE CONSIDERE', NOSSEIGNEURS, il Vous plaise recevoir la presente Requeste au Jugement du Procez ; accorder Acte au Supliant de ce qu'il employe le contenu en icelle, pour servir de solution à la Réponse du

fieur de Chiffrevaſt ; aux Griefs du Supliant, & de Réponſe à ceux dudit
fieur de Chiffrevaſt, & en Jugeant y ayant égard ; ſans s'arrêter à la demande d'intereſts d'induë vexation, dont le Sr de Chiffrevaſt ſera débouté,
accorder au Supliant les Concluſions qu'il a pris, tant ſur l'Apel dudit ſieur
de Chiffrevaſt, que ſur le ſien. Et Vous ferez juſtice. *Sy nos [illisible]*
[manuscrit illisible]
[manuscrit illisible] Le 29 avril 1775

Monſieur DE BAILLEUL, Conſeiller Raporteur.

Me. PIGACHE, Avocat.

Me. HEBERT l'aîné, Procureur.

[signatures manuscrites illisibles]